U0783095

宋朝文人的朋友圈

晏建怀———

著

北京联合出版公司
Beijing United Publishing Co.,Ltd.

图书在版编目（CIP）数据

宋朝文人的朋友圈 / 晏建怀著 . -- 北京：北京联合出版公司 , 2024. 11. -- ISBN 978-7-5596-7952-9

Ⅰ . K244.09

中国国家版本馆 CIP 数据核字第 20246QD195 号

宋朝文人的朋友圈

项目策划：斯坦威图书
作　　者：晏建怀
出 品 人：赵红仕
总 策 划：李佳铌
策划编辑：韩依格
责任编辑：肖　桓
封面设计：WONDERLAND Book design
　　　　　仙遽 QQ:344581934
内文排版：夏晓燕

北京联合出版公司出版
（北京市西城区德外大街 83 号楼 9 层　100088）
天津中印联印务有限公司　新华书店经销
字数 183 千字　710 毫米 × 1000 毫米　1/16　12 印张
2024 年 11 月第 1 版　2024 年 11 月第 1 次印刷
ISBN 978-7-5596-7952-9
定价：59.00 元

版权所有，侵权必究

未经书面许可，不得以任何方式转载、复制、翻印本书部分或全部内容。

本书若有质量问题，请与本公司图书销售中心联系调换。电话：010-82561773

前　言

当赵匡胤在陈桥发动兵变，受部曲拥戴而黄袍加身的时候，南唐李煜正在秦淮河畔的吴王府吟"花明月暗笼轻雾，今宵好向郎边去"，享受着花前月下的美好。然而短短十余年后，宋师南下，征南唐，克金陵，作为后主的他不得不肉袒出降，迤逦北上，沦为宋王朝的阶下囚。李煜被俘三年而殁，"林花谢了春红"一样无声无息。不过，政无声，文有声，那些"问君能有几多愁，恰似一江春水向东流"的千古哀音，"变伶工之词而为士大夫之词"，不期然使他成了婉约词的开山祖，不仅发了"宋词"的先声，也留下了绵延不绝的余绪。晏殊、欧阳修、柳永甚至辛弃疾、李清照等，皆从他身上接受过滋养，可谓草蛇灰线，伏脉千里。

宋朝的文人，大都亦官亦文，这是宋朝重科举、重进士、重文人的结果。宋太祖有感于前朝藩镇太重、君弱臣强、武人专政的弊害，通过"稍夺其权，制其钱谷，收其精兵"三管齐下，削弱藩镇，限制武人，以此根治痼疾，消弭祸患。同时大兴科举，选拔文人，在地方一律以文官主政，中央则自翰林至宰执，几乎全部科第出身，开创了一个文治的局面，时移世易，渐成"与士大夫共治天下"的祖制，自此施行如国策。

宋朝皇帝，无不重文。太祖定策，太宗继之。真宗御笔亲作《励学篇》："富家不用买良田，书中自有千钟粟。安居不用架高堂，书中自有黄金屋。出门莫恨无人随，书中车马多如簇。娶妻莫恨无良媒，书中自有颜如玉。男儿欲遂平生志，五经勤向窗前读。"仁宗爱才，天下无二；仁宗得才，天下无二。人言"宋之英主，无出仁宗"，赞的就是他唯才是举。终宋之世，文人不论血统、不论门第、不论出身，只要你有足够的聪敏和勤奋，就能扶摇直上。制度与宣传的双向发力，鼓动着无数富贵抑或贫寒的子弟埋头苦读，皓首穷经，人才如雨后春笋般涌现，呈现出"满朝朱紫贵，尽是读书人"的奇观。

宋朝文人多姿多彩。寇准敢于任事，张咏谠言直声。晏殊宽简闲雅，欧阳修鲠切激进。司马光节俭，文彦博大度。范仲淹心忧天下，王安石不畏浮云。石延年好酒如命，直把美酒喝出千种花样。秦观艳遇连连，每一次相逢便胜却人间无数。柳永命蹇，以市井为家，忍把浮名换了浅斟低唱。宋祁幸运，繁台街上有奇遇，填词抱得美人归。

宋朝文人互爱互助。钱惟演好谀，通过攀附自抬身价，为同僚所鄙薄，但他对那些文章锦绣的后生表现出异乎寻常的关爱，把一个洛阳留守府打造成了群星闪耀的梁园。张方平与欧阳修政见不同，在"庆历新政"中各有站队，彼此抵牾，但并不妨碍欧阳修在接到张方平的推荐信后，对他介绍的苏洵刮目相看，惊呼"后来文章当在此"，广为延誉。苏轼与王安石在政治上殊途陌路，依然不影响苏轼对王安石文品与人品的敬重，他在代哲宗起草的《王安石赠太傅制》中评价王安石"名高一时，学贯千载"，这是何等崇高的敬意，其文采之优美，评价之公允，胸怀之大度，足为万世师表。这些丰神俊逸的文人，或为师生，或为良朋，或为盟友，或为宿敌，无论立场如何，关系如何，皆能以学问相师，以道义相尚。

相对于北宋文人的昂扬高蹈，激情四射，南宋文人展现出来的是一种故国之思、亡国之恨，那悲怆的低吟或怒吼，每每让人潸然泪下。这大抵是一种背井离乡的愁绪和有国难归的痛苦。靖康之变后，南宋始终没有另建国都，所谓临安，临时安顿而已。在南宋君臣心里，真正的国都一直都是汴京开封，打回汴京也一直是他们的终极理想，"待从头、收拾旧山河，朝天阙"，堪称是南宋文人士大夫共同吟唱的心灵和声。

岳飞的怒发冲冠，陆游的铁马冰河，李清照的人杰鬼雄，辛弃疾的沙场点兵，都是这种悲愤郁积于中而发之于外的表现。他们是漂泊者，亦是行吟者；是逃亡者，亦是反抗者。他们哀其不幸，怒其不争；他们舍生忘死，气贯长虹。然而正是因为他们，南宋才没有在国土如"雨打风吹去"般丧失的同时，将最后一点骨气丧尽。

目　录

第一章

张咏评寇准"不学无术"

寇准任相，评价很高。宋太宗说："朕得寇准，犹文皇之得魏徵也。"将寇准比作唐太宗时敢于犯颜直谏的千古名相魏徵，说明他正直敢言。范仲淹评价寇准领导"澶州之战"的表现时说："能左右天子，不动如山，天下谓之大忠。"说明他忠勇，有胆魄，有担当。这样一个正直、忠勇的名相，却还曾被人评价称"不学无术"，为什么呢？

《宋史·寇准传》载："初，张咏在成都，闻准入相，谓其僚属曰：'寇公奇材，惜学术不足尔。'及准出陕，咏适自成都罢还，准严供帐，大为具待。咏将去，准送之郊，问曰：'何以教准？'咏徐曰：'《霍光传》不可不读也。'准莫谕其意，归取其传读之，至'不学无术'，笑曰：'此张公谓我矣。'"

寇准成才早，成名亦早，他七岁"三步成诗"的故事使他很早就闻名朝野间。他升官也快，三十出头就被宋太宗重用为参知政事（副宰相），四十多岁又被宋真宗拜为同中书门下平章事、集贤殿大学士，出任宰相。读书人理想再高，也莫过于此。张咏与寇准一样，都是太宗、真宗朝的名臣，他的性格亦刚直，一身正气。张咏比寇准年长十余岁，是前辈兼学长，二人同朝为官，性情相近，交流颇密，遂成忘年交。张咏任益州（治今四川成都）知州时，听说寇准出任宰相，对僚属呵呵一笑，说："寇准是个奇才，然而他'不学无术'。"

后来，寇准在同僚的攻击下被罢相，贬为陕州知州（治今河南三门峡），恰恰张咏从成都调回京城汴梁（治今河南开封），路过陕州，顺道看望寇准。有朋自远方来，不亦乐乎？寇准此时有些郁闷，但张咏的到来为他带来了开心。"四美俱，二难并"，于是设宴款待，奉为上宾。张咏盘桓数日，作辞回京。临别，寇准真诚地向张咏请教为官之道。张咏略一沉吟，也真诚地回答说："《汉书·霍光传》不可不读。"寇准丈二和尚摸不着头脑，送走张咏，回家第一件事就是翻开《霍光传》，当读到："然（霍）光不学无术"一句时，他恍然大悟，会心一笑，自语道："张公是说我'不学无术'啊！"

按现今的意思，如商务印书馆出版的《新华成语大词典》中，将"不学无术"解释为"既没有学问，又没有能力"，后人据此认为张咏在嘲笑寇准没学问、没能力，断定寇准是一个不学无术的人。

　　张咏真的是讥笑寇准没学问、没能力吗？显然不是，否则当寇准领悟到张咏所指后，不会既无愠色，又无惭色，反而是开心一笑。为什么这样说呢？其实原因很简单，《霍光传》所谓的霍光"不学无术"，并非说霍光没学问、没能力，而是说霍光不通官场权术。张咏评价寇准"不学无术"，亦指寇准因为不通权术、不懂折中，而被那些阳奉阴违、耍弄权术于股掌间的奸佞排挤、陷害，最终被罢掉宰相，贬至这偏远之地。所以，张咏说寇准的所谓"不学无术"，不过是挚友间善意的提醒，而非讥笑。

　　事实也的确如此。寇准为人清介，处事公正，从不阿谀奉承，对待同僚如此，对待至高无上的皇帝也是如此，太宗那句"朕得寇准，犹文皇之得魏徵"就是他敢于犯颜直谏的写照。他不但敢于直谏，而且勇于任事。他拜相时，真宗颁布的制词就评价他说："能断大事，不拘小节，有干将之器。"其性格和能力，由此可见一斑。尤其在"澶州之战"中，表现得更为突出。真宗景德元年（1004），辽国二十万大军南下攻宋，兵临澶州（治今河南濮阳），直逼宋都，朝廷上下，慌作一团，许多大臣建议迁都逃跑，如签书枢密院事陈尧叟主张迁都益州，参知政事王钦若主张迁都金陵（治今江苏南京），独寇准坚持抵抗，并强烈要求真宗率军亲征。后来真宗亲征，果然挡住了辽兵的入侵，战斗中宋军还射杀了辽军大将，迫使辽国与宋议和，签订了"澶渊之盟"（澶州又名澶渊，故称）。此后，边境和平，百年友好，寇准功不可没。

　　然而，寇准"能断大事，不拘小节"的性格，在那些阳奉阴违的同僚眼里，则成了"自我标榜，好出风头"，因此为他们所算计。与辽国签约停战后，王钦若便在真宗面前给寇准使绊子说："赌徒快输光的时候，往往会倾囊而出，称为孤注。陛下就是寇准手里的孤注，亲征即孤注一掷。而'澶渊之盟'，亦不过是'城下之盟'（屈辱性盟约），世上难道还有什么比这更耻辱的事情吗？寇准为这样一个盟约而置陛下于最危险的境地，其忠与否，可想而知。"

　　于是，谗言下真宗免去了寇准的宰相职务，调任陕州知州，降职外放了。张咏说寇准"不学无术"，就是针对寇准被人给排挤出朝一事而言，提醒寇准在官场行走，要战战兢兢，如履薄冰，不能直言谠论，任性而为，否则随时会有遭人暗算的危险。

其实，这也是张咏的夫子自道，张咏平日直言谠论、敢说敢做，并不亚于寇准。所以，此语既可以说是张咏对好友的善意提醒，同时也是知交之间的揶揄，惺惺相惜的打趣。正因为如此，才有寇准看完《霍光传》后的会心一笑。

第二章

林逋：孤山的客人为何那么多

宋代处士，林逋声名最显，这首先在于他的诗名。林逋曾创作《山园小梅二首》，其一诗曰："众芳摇落独暄妍，占尽风情向小园。疏影横斜水清浅，暗香浮动月黄昏。霜禽欲下先偷眼，粉蝶如知合断魂。幸有微吟可相狎，不须檀板共金樽。"欧阳修、司马光等行家均对此诗大为称赏。宋元之际，许多诗评家甚至称其中"疏影横斜水清浅，暗香浮动月黄昏"一联为"古今绝唱"。确实，林逋此诗不仅写出了梅的形，而且写出了梅的神，把梅花不畏严寒、傲雪凌霜的高贵品格，表现得淋漓尽致。那么，谁能如此深刻地理解梅花？谁又能如此细腻地解读梅花呢？任何作品都是志向与追求的表达，唯有那种以梅花高格自勉、自励、自期的人，才能写出如此俏丽的华章，才能奏出如此美妙的绝响。

　　林逋（967—1028），字君复，杭州钱塘县（治今浙江杭州）人。《宋史·林逋传》说他："少孤，力学，不为章句。"好学上进，但并不学究似地辨章析句，拘泥于书本。青年时期，林逋浪迹天涯，放游江淮之间多年，如闲云野鹤一般。中年后，他厌倦了漂泊，回到故乡杭州，"结庐西湖之孤山，二十年足不及城市"，过上了极其清苦的隐居生活。

　　虽说隐居清苦，但林逋丝毫没有寂寞之感。他好梅，也种梅，他在孤山种植了数百株梅花，赏玩之余，也采摘一些梅花出卖，获取微薄收入，支撑自己的日常开销。他无妻无儿，隐居孤山后，养了两只白鹤，日子一久，白鹤竟通了人性，即使林逋打开鸟笼，让它们盘旋云霄，纵情飞翔，它们不久也会主动回到笼内，忠诚如伴侣。有客到访，倘若林逋不在家，守门的童子也不着急，而是一边泡茶迎客，一边放出白鹤，鹤鸣长天之际，便是林逋动身归家之时，次次灵验。林逋蛰居孤山二十载，可谓"采于山，美可茹；钓于水，鲜可食"，生活怡然自得。因为钟情于梅，亲昵于鹤，人称"梅妻鹤子"。

　　林逋喜写诗，善填词，却常常随写随丢，率性而为。有人问他："何不录以示后世？"他回答说："吾方晦迹林壑，且不欲以诗名一时，况后世乎！"（《宋史·林逋传》）生前名还不在乎，还会在乎那死后之名么？他书画双绝，令同时代的人们赞叹不已。南宋陆游也是书法大家，曾说："君复书法，又自高胜绝人，予每见之，方病，不药而愈，方饥，不食而饱。"（陆游《渭南文集》卷三十《跋林和靖帖》）对林逋的书法推崇备至。不过林逋画画写字亦如写诗填词，自娱自乐，从不轻易示人。

宋代隐居名山者不乏其人，既有耿介拔俗、潇洒出尘之士，也有走"终南捷径"、以获取高官厚禄的投机取巧之徒。像比林逋大十二岁的种放，就通过"假容于江皋"的经历，明作隐士，暗地里跑官要官，最终得到了宋太宗、宋真宗父子的关注，当上了朝廷的谏议大夫。而林逋却从来没想过要走"终南捷径"，他隐得率真，更隐得彻底。

景德四年（1007），真宗听说了林逋的事迹后，特意安排杭州知州王济去孤山，专程探望林逋，有意征他出山。大中祥符五年（1012），真宗又派人送来粮食和布帛，要求地方政府定期给予接济。天圣三年（1025），宋仁宗也安排人送钱送物，表达慰问之情。按说，有了两代帝王的垂青，只要稍有仕途之念、富贵之想，实现非富即贵的人生并不是一件什么难事，何况真宗的确曾经派人来征求过他出山的意见。

然而，林逋不是"缨情于好爵"之人，正如《宋史·林逋传》对他的评价所说："性恬淡好古，弗趋荣利。"他的向往不在仕途，不在富贵，人们多次劝他出仕，均被他婉拒，他说："吾志之所适，非室家也，非功名富贵也，只觉青山绿水与我情相宜。"对于林逋来说，富贵如浮云，荣华如尘芥。晚年时，他自造墓于庐侧，题诗于墓壁："湖上青山对结庐，坟前修竹亦萧疏。茂陵他日求遗稿，犹喜曾无封禅书。"以没有写过御用文章而自诩，体现了他不媚权贵、忘怀得失的高贵节操，他的生命与灵魂，早已与西湖、孤山的山山水水融为一体了。

林逋虽然性情率真，但并不孤傲，虽然隐得彻底，但并不偏激。他性情温和，宽容有度，广交朋友，与当时一些高僧和德才兼备的文人士大夫们唱和来往，结下了深厚的友谊。他经常划着小舟，出入古刹，在晨钟暮鼓中与高僧们探讨宇宙人生的精深学问。

林逋的节操和才华，也吸引着众多士大夫景仰的目光，牵引着他们朝圣的脚步。杭州数任知府，包括薛映、李及等，多次乘船到孤山，造访林逋的草庐，与他终日清谈，乐不知返。范仲淹、欧阳修、梅尧臣等许多当时的青年才俊，更是不远千里来到孤山，拜访他们最尊敬的林逋处士，交流心得，诗酒流连，留下许多优美的唱和之作。

范仲淹很早就对林逋表现出崇敬的心情和希望结交的向往，他较早的一首《寄赠林逋处士》诗中便有"唐虞重逸人，束帛降何频。风俗因君厚，文章至老淳"之句。稍后又作《寄西湖林处士》曰："萧索绕家云，清歌独隐沦。巢由不愿仕，尧舜岂遗人？一水无涯静，群峰满眼春。何当伴闲逸，尝酒过诸邻。"均是这种心情的真实表达。

仁宗天圣四年（1026）春，时任大理寺丞、知泰州兴化县（治今江苏兴化）的范仲淹曾去杭州、诸暨等地旅游。在杭州，范仲淹特地约了几位挚友，结伴去孤山拜访林逋，因中途遇暴雨无法渡湖作罢，他十分遗憾地写下《与人约访林处士阻雨因寄》一诗曰："闲约诸公扣隐扃，江天风雨忽飘零。方怜春满王孙草，可忍云遮处士星？惠帐未容登末席，兰舟无赖寄前汀。湖山早晚逢晴霁，重待寻仙入翠屏。"他相信，无论怎样的狂风暴雨，也不可能遮挡这位至性君子、世外高人的夺目光辉，期待晴天霁日了再去。他把对林逋的一片高山仰止之情，表达在这至诚的诗句里，并将诗寄赠林逋。

天圣五年（1027），范仲淹母亲去世，丁忧期间，范仲淹"不以一心之戚，而忘天下之忧"，冒哀给朝廷上了一份万言书——《上执政书》，针对"积贫积弱"的时弊，提出了"固邦本，厚民力，重名器，备戎狄，杜奸雄，明国听"等方略，以及"择郡守，举县令，斥游惰，去冗僭，遴选举，敦教育，养将才，实边备，保直臣，斥佞人"等措施，希望宰相们牵头组织并推动改革，救国于贫困，救民于水火。此事在朝野间传得沸沸扬扬，林逋获悉，讶异于范仲淹的识见和胆量的同时，写下《送范寺丞》一诗，中有"马卿才大常能赋，梅福官卑数上书。黼座垂精正求治，何时条对召公车"之句，把范仲淹比喻为汉代才华横溢的司马相如和位卑敢于切谏的南昌"仙尉"梅福，比喻贴切，既有钦佩，又有期许。

也是在这段时期，范仲淹曾数次渡西湖、上孤山，与林逋晤面对谈，交流心得，非常愉快。范、林二人虽然年龄相差二十多岁，一个是卓荦不群的骨鲠之臣，一个是息隐林下的不羁之士，但都是性情中人，见面即投契，颇有知交之感，遂结成了忘年交。范仲淹对林逋的能力、德行、操守、修养都极为佩服，其《和沈书记同访林处士》诗曰："山中宰相下岩扃，静接游人笑傲行。碧嶂浅深骄晚翠，白云舒卷戏春晴。烟潭共爱鱼方乐，樵爨谁欺雁不鸣。莫道隐君同德少，樽前长揖圣贤清。"范仲淹将林逋比作"山中宰相"，且"樽前长揖"，对林逋的恭敬之心和崇拜之情，可见一斑。林逋虽隐居孤山一隅，但他德高望重，交游颇广，志同道合者甚众，这说明"孤山不孤"。

天圣六年（1028），林逋在孤山寂静地离世，如同林壑间一片树叶的飘落。他去世后，仁宗"嗟悼不已"，安排人前来吊唁，赠他谥号"和靖先生"。皇帝对一个布衣隐士赠谥号，足见林逋生前已经对宋朝士大夫阶层产生了重大影响，一个毫无影响、老死于苍山老林间的隐士，是不可能得到皇帝如此优待的。

林逋故后，仍然在士大夫间产生着影响，那些敬重他的人，络绎不绝地赶往孤山，把孤山当成精神圣地虔诚朝拜。多年以后，对他高山仰止一般敬慕的苏东坡，曾在《书林逋诗后》一诗中盛赞林逋的才华说："诗如东野不言寒，书似西台差少肉。"他认为林逋的诗比唐代孟郊（字东野）才高一等，字比宋代李建中（书法家，曾任西京留司御史台，被尊称为"李西台"）更胜一筹。苏东坡因未能当面向林逋讨教而深感遗憾，他在杭州任职时，常常去孤山林逋墓前祭拜。

尤其难得的是，苏东坡对林逋精神境界的深刻理解。据宋代阮阅《诗话总龟》卷九载，苏东坡与王居卿、孙巨源等一帮文友在扬州（治今江苏扬州）聚饮，席间讨论林逋的《山园小梅》，王居卿开玩笑说："'疏影横斜水清浅，暗香浮动月黄昏'，此林和靖梅花诗，然而为咏杏与桃李皆可。"意思是这两句虽然有名，但用它来咏杏或桃李也未尝不可。苏东坡听后，呵呵一笑，大不为然地说："可则可，但恐杏李花不敢承当！"是啊，这样的雅到极致、美到极致的诗句，俗如杏和桃李之类的花儿怎么敢当呢？这不是把高山流水当成了靡靡之音，把圣洁的林逋当成了跑官的种放么？《山园小梅》不仅是写梅，更是写林逋自己；不仅是写花，更是写精神、写追求、写灵魂，这梅花之魂又何尝不是林逋之魂呢？就对诗句的理解来说，苏东坡堪称林逋的隔世知交。

无论生前死后，林逋都得到了人们的赞叹和景仰，他以自己特殊的处世姿态，给世界留下了一个卓然独立的背影。这个背影如同一个精神坐标，一座道德高峰，显得异常醒目，让宋朝那些文人士大夫们，在钻营奔竞者塞途的现实面前，找到了一种不至于让自己迷失的支撑和力量。

第三章

谁抢了刘筠的位子

王夫之在《宋论》开篇即言："宋兴，统一天下，民用宁，政用乂，文教用兴，盖于是而益以知天命矣。"赵匡胤定鼎中原建立宋朝后，他和他的继任者把着力点放在了"统一，民宁，政乂，文教兴"诸方面。北宋之所以有后来的经济繁荣、文化兴盛，且跳出了"五代"短命逻辑，延续三百年国运，皆得益于此。其中最有特色的一点，便是"文教兴"。文教兴而人才出，人才出而敢于用，"与士大夫共治天下"遂水到渠成，亦顺理成章，最后成为了国策。国策的核心在于优待文人，优待之下，文人的地位被无限拔高，几乎胜过其他任何一个朝代，如果套用陈寅恪先生那句广为人知的名言，则可以说："华夏文人之地位，历数千载之演进，造极于赵宋之世。"对于经历十年寒窗奋厉为学的文人们来说，这自然是梦想成真的大好事。不过，随着文人地位的拔高，也滋生和助长了他们的乖戾之气，很多文人士大夫稍不如意，即付诸笔端，于是便有了很多文中抱怨、诗中牢骚。

宋朝皇帝喜欢组织诗酒宴会——"赏花钓鱼宴"，且将其纳入了宫廷礼仪范畴，上升到了制度层面。例如，宋太宗赵光义在位期间，确定了"赏花钓鱼宴"的规模、程序及参与人员的级别，其中规定三馆（昭文馆、集贤院、史馆）官员只有"直馆"（晋、唐以来奉职国家文史等馆的官名）以上职务的人才能赋诗参宴，而"校理"以下的则只赋诗、不参宴。一次，太宗举行"赏花钓鱼宴"，集贤校理李宗谔特别希望参宴并一睹圣颜，但官小不能遂愿，心有牢骚，因此赋诗道："戴了宫花赋了诗，不容重见赭黄衣。无慘独出金门去，恰似当年不第归。"内心的失望和不平，在诗中表达无遗。太宗大有爱才之心，读了李宗谔的诗后，心生怜惜，特批他参宴。宋代夷门君玉《国老谈苑》一书载此事说："特诏预宴，即日改官。"不仅特许他参宴，而且马上提拔，可见发牢骚只要发得好，倒也不失为改变官运的妙法。

当然，并不是所有人都有这么好的运气，有的人通过诗中牢骚能得到皇帝的青睐提拔，获得梦寐以求的职位，而有的人一再发牢骚，却是才情打水漂，梦想付流水，刘筠便是。

刘筠于宋真宗咸平元年（998）考上进士，初授馆陶县（治今河北馆陶）尉，继为大理评事、秘阁校理。因为刘筠诗写得好，时任知制诰的大诗人杨亿非常欣赏他，经常邀请他和文人雅士们一起聚饮，诗酒酬唱，刘筠渐得诗名，后来甚至与杨亿齐名，并称"杨刘"。

诗文好，在当时特别吃得开，不仅受文人士大夫追捧，还不时得到皇帝的注意和奖拔，仕途上亦是相当顺利。真宗关注刘筠，信任刘筠，不仅安排他参与《册府元龟》这部宏篇巨制的编辑工作，还经常召他到崇和殿赋诗唱和，屡屡嘉赞，并连连提拔重用他为左正言、直史馆、知制诰、知贡举、翰林学士，可谓官运亨通，顺风顺水。

宋仁宗继位后，刘筠依然任给事中、翰林学士、知贡举等职。虽说这些都是要职，但时间长了，再重要的职务，倘若老在同等级别上来回反复而毫无起色和升迁的话，人心往往会被磨平的。刘筠就是如此，他沐浴新朝，但翰林学士、知贡举都干了几回了，别提有多难受。不说他自己，就连同僚们也看在眼里，有人当面或者背后议论他，说他"三入禁林，三典贡部"。这种论调，一方面可以看作大家的称羡：你看他，竟然能三任翰林、三知贡举，这么重要的岗位都干过三回了。另一方面，也可看作是讥笑和嘲讽：你看他，翰林学士和知贡举都做三回了，还在"原地踏步"。于是，刘筠的牢骚就来了。

当时，刘筠与夏竦同在翰林学士院任职，刘筠先入翰林，夏竦后到。不久，先来的刘筠没得到提拔，后到的夏竦却被升职为枢密副使。我们知道，宋朝最高行政领导权集中在东西二府，一为中书门下，掌政务，称东府；二为枢密院，掌军务，称西府。翰林学士只负责为皇帝起草诏书，而枢密副使则是枢密院副职，副宰相级别。文人的理想虽然也有当翰林学士之类，所谓"学成文武艺，货与帝王家"，但最终的理想则肯定是出将入相。而夏竦呢，非但后到，他年龄还小刘筠一轮多。所以，刘筠认为夏竦后来居上，抢了他的位子，因而牢骚满腹，写了一首《堠子诗》，中有两句："空呈厚貌临官道，更有人从捷径过。"意思是我辛辛苦苦，兢兢业业，三入翰林，三知贡举，打拼到如今，遇到空缺一副相职务，却被夏竦捷足先登抢了去，叫人如何不心酸？叫人如何不心寒？以此牢骚之句，抒发内心郁悒之情。

仁宗当然读到了刘筠的牢骚诗，不过二人之中，仁宗更欣赏任过六地知州、基层经验丰富的夏竦，而非老在写诗、编书、草诏的刘筠，所以刘筠的诗中牢骚，撞了宋仁宗的"木钟"，翰林还是那个翰林。

一诗不成，刘筠又作一首，中有："蟠桃三窃成何味，上尽鳌头迹转孤。"牢骚情绪几乎已由郁悒转向愤懑了。但在仁宗那儿，仍然没激起任何波澜。未几，刘筠称病告假。刘筠是当时的文坛巨擘、诗人领袖，他"三典贡部"，范仲淹、宋祁、文彦博、包拯、韩琦等后来如日中天的人物，都是他知贡举时录取的进士，桃李满天下。他告病后，那些宦友朝官、文朋诗侣、门生故吏纷纷前去探望，同时咨询患何种疾病，刘筠想想，答曰："虚热上攻。"参知政事石中立好戏谑，脱口而出道："只消一服清凉散（青凉伞）便可痊愈。"在座听到，无不紧掩着嘴巴不让自己笑喷。何解？原来，宋朝做到副宰相之上，才有资格使用青凉伞，石中立此语把刘筠因没有升官而生气装病的伎俩大大嘲笑了一番。

看来，不是所有的牢骚都能唤起皇帝的同情。不久，刘筠便抑郁而终了。

第四章

魏野"一诗成谶"

宋朝很多怪事，隐士成名就是其中之一。

隐士本是不慕名利、悠然世外、名如深山落叶、寂寂无闻的一种人。但宋朝的隐士却偏偏喜欢写诗，因诗而暴得大名者不乏其人，甚至比那些奔波于仕途的诗人更有名气，比如林逋、种放，还有魏野。

魏野，陕州陕县（治今河南陕县）人，家里世代务农，虽然贫穷，人却练达。及长，隐居于陕县东郊，竹树环绕，旁对云山，醉心诗书，不求闻达。

魏野的诗歌明白晓畅，拙朴平实，语出自然，不事雕琢，俏皮中饶有趣味。像他写的《闲居书事》一诗云："无才动圣君，养拙住西村。临事知闲贵，澄心觉道尊。成家书满屋，添口鹤生孙。仍喜多时雨，经春免灌园。"

又如《晨兴》："夜长乞待得晨兴，耽睡僮犹唤不应。烧叶炉中无宿火，读书窗下有残灯。临阶短发梳和月，傍岸衰容洗带冰。料得巢禽翻怪讶，寻常日午起慵能。"佳对警句随手拈来，满是书香萦绕、禽鸟相对的闲逸之趣，读罢让人心怡。

他的《清明》一诗也很有名，诗曰："无花无酒过清明，兴味都来似野僧。昨日邻家乞新火，晓窗分与读书灯。"清明除祭祖之外，还是饮酒赏花的好时节，我无酒无花，清苦如野僧，于是借火（寒食在清明前一二日，照例禁火）点燃"读书灯"，去书中享受属于自己的美酒和鲜花。《宋史·魏野传》说他："为诗清苦，有唐人风格，多警策句。"可以为此诗的注脚。

其实，魏野的诗还有一个鲜明的特点，那就是语浅而意深、潇洒而空灵，如他的《题普济院》："河上似江边，寺临河掩关。百年人自老，一阁意常闲。野阔连天碧，苔多遍地斑。数声离岸橹，几点别州山。寒食花藏县，重阳菊绕湾。悬崖分鸟道，隔水似尘寰。雨急和僧语，云高共鹤攀。磬声喧水槛，幡影落波澜。雁去归汾曲，槎来犯斗间。冷斋如有暇，到此屡开颜。"其中"数声离岸橹，几点别州山"句，用笔传神，给人一派空灵之感。

魏野的诗，后结集成《草堂集》，一时朝野风靡，洛阳纸贵。

魏野志节高尚，超然于尘埃之外。他的诗名和节操，也引起了皇帝宋真宗的极大兴趣。大中祥符年间，真宗在西到汾阴（治今山西万荣）祭祀后土的路上，特遣陕县县令王希，专程赶赴魏野家，征招他入朝做官。魏野获悉，避而不见，题诗于墙壁上婉拒曰："达人轻禄位，居处傍林泉。洗砚鱼吞墨，烹茶鹤避烟。闲惟歌圣代，老不恨流年。静想闲来者，还应我最偏。"然后，一溜烟逃得不见了踪影。元代诗人方回在《瀛奎律髓》一书中载此事时说："真宗祀汾阴，遣使召之，题此诗壁间，遁去。使还以诗奏，上曰：'野不来矣。'"皇帝亲自派人来请他出仕，他却留诗逃跑，真是一个"轻禄位"的"世外达人"。真宗也好说话，不来就不来吧，对魏野却更加敬重了，之后，还经常派人送钱关物，前去慰问。

不单皇帝青睐，宰相寇准和王旦也慕魏野大名，与之结交，多有诗歌酬唱，友情往还。寇准以使相（宋代亲王、枢密使、节度使兼侍中、中书令、同平章事者皆称使相）知永兴军（治今陕西西安）期间，曾专程前去探望魏野，故魏野有《谢寇莱公见访》一诗曰："昼睡方浓向竹斋，柴门日午尚慵开。惊回一觉游仙梦，村巷传呼宰相来。"

魏野息影林下，看破官场也彻悟官场，对朝局、时势、人情有着深刻的洞察，他曾经在关键时刻，向自己的好朋友王旦和寇准各赠了一首诗，以讽喻的方式给予他们人生和仕途上的建议，皆"一诗成谶"。

宋真宗"西祀东封"的时候，任首相的王旦，负责组织工作，把这场祭天拜地的活动搞得轰轰烈烈，热闹非凡。活动结束之后，魏野写了一首诗赠王旦曰："人间宰相惟三载，君在中书十四年。西祀东封俱已了，好来相伴赤松游。"以委婉的方式，规劝好友激流勇退。王旦读罢魏野的赠诗，深有感触，不久即上书真宗，请求退休，获准后以太尉显爵致仕，逝后获赠魏国公，谥号文正，实现了富贵终老、死后哀荣的好结局。

寇准居相位，因官场争斗被真宗贬知永兴军。过了四年，真宗召他入京，重新起用，路过陕县时，魏野赠了一首诗给他，中有："好去上天辞富贵，却来平地作神仙"之句，也是劝谏好友不要贪权恋位。然而，寇准还有大干一番的雄心壮志，对此劝谏，一笑了之，随后高调复出。但因朝廷争权不断，寇准复相两年，又被排挤贬官，先贬道州（治今湖南道县），再贬雷州（治今广东雷州），最后竟客死于雷州贬所，比之前的打击更大，下场更惨。据说，当他终于醒悟之时，曾把魏野的诗题写在窗前，日夜吟诵，深为后悔。

可见，魏野不是一般的隐士，他既能明哲保身，又能预测未来，真如老子所言："知人者智，自知者明。"就这一点来说，魏野更是一个智者。

第五章

留守钱惟演的朋友圈

南方政权降宋的天潢贵胄中，钱惟演是影响比较大的一个。钱惟演（977—1034），字希圣，杭州临安县（治今浙江杭州）人，吴越王钱俶第七子，其父纳土归宋时，他还在襁褓中，因父荫先后封右屯卫将军、右神武将军。

　　钱惟演在汴京长大，浓厚的文化氛围使他博学善文，同时亦造就了他追求卓越的性格，他不屑于父亲的荫庇，立志要通过科举入仕。有一次，宋真宗召试（宋代选举官员考试方式之一，即直接由朝廷对已任官职者诏召应试，合格者迁官）学士院，钱惟演应召参考。试题为起草某一诏令，才思敏捷的他当场在朝笏（古时大臣朝见时手中所执的狭长板子，用玉、象牙或竹片制成，以为指画、记事之用）上起草，一挥而就，文理俱佳。真宗及同僚们阅后，赞不绝口，随即改官太仆少卿。

　　钱惟演像当时许多有才华的士大夫一样，把"致君尧舜上"作为自己的毕生理想，希望当上一人之下万人之上的宰相。他经常说："吾平生不足者，惟不得于黄纸上押字尔。"为没当上宰相而叹息，因此不惜攀附权贵。丁谓任宰相，他与丁谓联姻。丁谓失势，他转身排挤丁谓以求自免。真宗的刘皇后受宠，他设法与刘皇后攀亲，将妹妹嫁给了刘后之兄刘美。仁宗践祚，他又运作儿子娶了仁宗郭皇后之妹。尽管他后来也的确出任过翰林学士、工部尚书、兵部尚书、枢密使等要职，官至宰执大臣，但他的攀龙附凤和朝秦暮楚颇为时论所薄，在士大夫间口碑不好，声誉不佳。不过，这样一个口碑不好的人，却有两个让士大夫们特别钦佩的优点：一是爱惜人才，二是钟情书籍。

　　钱惟演尊重人才，爱惜人才，喜欢提携后进，曾对欧阳修、梅尧臣等一大批青年才俊给予过不遗余力的关心和帮助，令人印象非常深刻。宋朝定都汴梁，以"天下首府"开封府为东京，以河南府（治今河南洛阳）、大名府（治今河北大名）、应天府（治今河南商丘）为陪都，分别称为西京、北京和南京。钱惟演祖籍临安，先垄（祖先的坟墓）安置在西京洛阳。宋仁宗天圣八年（1030），年过花甲的钱惟演以"愿守宫钥"（宋代在西京设西京留守司，负责行宫宫钥及京城守卫、修葺等事务）为由，请求到洛阳工作。仁宗同意，任命他为泰宁军节度使，加同中书门下平章事，以使相身份出任西京留守。

钱惟演任西京留守后，一些文人雅士先后齐集麾下，可谓人才济济。宋代邵伯温《闻见录》卷八载："天圣、明道中，钱文僖公（钱惟演谥号文僖）自枢密留守西都，谢希深为通判，欧阳永叔为推官，尹师鲁为掌书记，梅圣俞为主簿，皆天下之士，钱相遇之甚厚。"当时，谢绛（字希深）年龄三十六七岁，工于词赋，人称"文中虎"。欧阳修（字永叔）二十三四岁，他于天圣七年（1029）赴京参加国子监的广文馆试、国学解试和礼部省试，三场大考，三登榜首，均取得第一名的好成绩，连中监元、解元、省元，闻名天下。欧阳修举进士后，授将仕郎、试秘书省校书郎、充西京留守推官，并于天圣九年（1031）春到达洛阳赴任。尹洙（字师鲁）二十八九岁，文章简而有法，长于议论。梅尧臣（字圣俞）二十七八岁，以诗知名，领导了宋初的诗文革新运动，有宋诗"开山祖师"（刘克庄语）之誉。

钱惟演网罗了这些出类拔萃的人才，毫不夸张地说，真是比捡了宝贝还高兴，比自己的孩子还疼爱。《闻见录》卷八载："谢希深、欧阳永叔官洛阳时，同游嵩山。自颖阳归，暮抵龙门香山。雪作，登石楼望都城，各有所怀。忽于烟霭中有策马渡伊水来者，既至，乃钱相遣厨传歌妓至。吏传公言曰：'山行良劳，当少留龙门赏雪。府事简，无遽归也。'钱相遇诸公之厚类此。"

明道元年（1032）一个冬日，谢绛、欧阳修、尹洙、王复、杨愈等文朋诗友渡过伊水，畅游嵩山，一路逶迤游玩至香山寺一带时，天将至暮，突然下起了鹅毛大雪，登楼远望，一片茫然。正不知如何是好之际，隐隐约约发现有人冒着风雪渡过伊水而来，见面才知是钱惟演发现天气乍变，特为安排府中小吏出城寻了来，并让小吏转告谢绛、欧阳修他们说："府里公事简易，不必着急回去，好好赏雪游玩便是。"和小吏一起到来的，还有厨师和歌妓。

"钱相"之所以"遇诸公厚"，体现的不单单是领导对部下的关心爱护，还有对读书人的惺惺相惜，对好苗子的栽培、扶持、呵护、爱惜。如果说对部下的关心爱护是一种责任，那么对读书人的爱惜，想方设法促成读书的种子星火相传，便是一种精神了，实在难能可贵。钱惟演无微不至的关心，让留守府那些读书苗子信心倍增，人才辈出是自然而然的。所以，这批青年才俊把钱惟演既看成领导，尊敬有加，也当成伯乐，感激不已。尤其是欧阳修，不论人们对钱惟演的评价如何，他始终把钱惟演当成自己的恩师，对其知遇之情毕生不忘，他在《归田录》卷二中评价说："钱思公（钱惟演谥号思）官兼将相，阶勋品皆第一。"一个品格的"品"字，尽显欧阳修对他的由衷敬佩与爱屋及乌。

爱惜人才之外，钱惟演的另一个优点便是钟情书籍。他爱读书、爱藏书、爱编书、爱写书，近乎痴狂。《宋史·钱惟演传》说他："于书无所不读，家储文籍侔秘府。"

"于书无所不读"，说明他涉猎书籍之多，阅读范围之广，非一般士大夫仅为一纸进士"文凭"而读书的狭窄浅薄可比拟。《归田录》卷二载："钱思公虽生长富贵，而少所嗜好。在西洛时，尝语僚属言：'平生惟好读书，坐则读经史，卧则读小说，上厕则阅小词，盖未尝顷刻释卷也。'"钱惟演出身富贵之家，平生无不良爱好，惟钟情读书，他的理由是："学士备顾问，不可不赅博。"要当好皇帝的参谋，学问不能不渊博。因此，他坐着时读经史，躺着时读先秦百家和历代杂记，连蹲在厕所里都要吟诵几首小令，到了逢书必读、手不释卷的程度。

钱惟演不但爱读书，更爱藏书。他是历史上有名的藏书家，家里藏书极富，"储文籍侔秘府"，所藏书籍之多，堪比秘阁（皇家图书馆）。钱惟演曾参与"宋四大书"之一《册府元龟》的编修，为这一史学巨著的完成，奠定了基础。钱惟演平生著述较多，著有诗歌集《典懿集》三十卷，还有《枢庭拥旄前后集》《伊川汉上集》《金坡遗事》等一系列散文随笔集，堪称著作等身。

爱书之人，即使是对书桌上的文具，也爱得痴狂。《归田录》卷一记载了这样一则趣事，钱惟演有一个珊瑚笔架，置于案头，十分珍惜。他生性严格，持家节俭，孩子们平时不能多花一分钱。为此，孩子们想出了一个馊主意，"有欲钱者，辄窃而藏之"，缺钱花的时候，就把父亲的笔架藏起来。钱惟演发现笔架丢了，心急如焚，无奈之下，"乃榜于家庭，以钱十千赎之"，只得在家里贴出寻物启事，悬赏找寻笔架。藏笔架的孩子故意拖延两天，然后佯装找出来的，把笔架完璧归赵，他"欣然以十千赐之"，果然兑现赏金。于是，这成了一条生财之道，谁缺钱花，就藏笔架，一年总有那么三五回，孩子们乐此不疲，而且屡试不爽，钱惟演也始终没有觉察到这是个"圈套"。欧阳修在书中记载此事后，还信誓旦旦地补充说："余官西都，在公幕亲见之。"可见千真万确。

钱惟演去世后，朝廷为给他赠谥号争论不休。开始，根据《谥法》"敏而好学曰'文'，贪而败官曰'墨'"的规定，拟谥号"文墨"，颇有鄙夷之意；后据"追悔前过曰思"，改成"思"，有所改进；庆历年间，又以"小心恭慎曰僖"，再改为"文僖"，大好于前。谥号越改越好，是影响越来越大、口碑越来越好的表现。这说明，士大夫们渐渐忘却了攀龙附凤的钱惟演，记住了爱惜人才、钟情书籍的钱惟演。

第六章

晏殊与欧阳修的师生恩怨

晏殊的身上闪耀着太多足以令欧阳修眼花缭乱的光环和艳羡不已的精彩。晏殊（991—1055），字同叔，抚州临川（治今江西抚州）人。晏殊早慧，七岁能文，宋真宗咸平年间，曾被时任江南安抚使的张知白目为"神童"，并推荐于朝。十四岁，与全国千余考生一起参加了殿试，他"神气不慑，援笔立成"，受到真宗的嘉赏，赐同进士出身，授秘书省正字，成了少年进士和年龄最小的领导干部。

仕途上，晏殊顺风顺水，历任太常寺丞、太子舍人、知制诰、翰林学士、枢密副使、参知政事，后来还被宋仁宗任命为集贤殿学士、同中书门下平章事，兼枢密使，文武一肩挑，官拜宰相。在士大夫和才子们眼里，晏殊的经历简直就是一个传奇。

欧阳修幸运，人生第一站就遇到了晏殊。前文《留守钱惟演的朋友圈》中有述，仁宗天圣七年（1029），欧阳修进京赶考，在国子监的广文馆试、国学解试和礼部省试中，均取得第一名的好成绩，连中监元、解元、省元。而礼部省试的主考官，就是晏殊，也就是说，欧阳修的这个省元，是晏殊确定的。

科举始于唐代，唐之试制，以地域别之，称解试和省试，在各地州府受试者曰解试（州府试），在尚书省的礼部受试者曰省试（礼部试）。宋朝自太祖开宝八年（975）起，在解试、省试之外，增加了由皇帝主持的殿试。因殿试的主要目的在于给省试合格者排等第，如无特殊情况不会黜落，都会成为进士，所以读书人是否能入仕，省试是最关键的一环。

天圣八年（1030），晏殊以资政殿学士、兼翰林侍读学士，知礼部贡举，出任主考官，万人瞩目。试中，晏殊出题"司空掌舆地之图赋"，面对这个过于僻涩的命题，众考生大多偏题，唯欧阳修不光扣题精准，而且文采飞扬。于是，晏殊慧眼识才俊，把欧阳修确定为第一名，擢为"省元"。从此，欧阳修对晏殊以门生自称，执弟子礼。

欧阳修举进士后，分配到了钱惟演手下，出任西京留守推官。做官之余，他与钱惟演、谢绛、尹洙、梅尧臣等文坛圣手们诗酒征逐，佳作不断，一时文名大震。当时，晏殊的词、梅尧臣的诗、欧阳修的文章，堪称文坛三绝。

晏殊、欧阳修之间的缘分不可谓不深，作为有知遇之情的师生，作为一朝为官的上下级，作为共领时代风骚的文坛巨匠，二人完全可以相互抬举，结忘年之契，生出许多美谈让当时和后世的人们津津乐道的。然而，这段师生情开始早，结束也早。虽然欧阳修对晏殊非常尊敬，但晏殊却不喜欢欧阳修，甚至一度到了厌恶的境地，不能不说是一个历史的遗憾。

据宋代魏泰《东轩笔录》卷十一载，仁宗庆历初，西夏犯边，战事吃紧，作为佐皇帝管理军政的枢密使晏殊，应是日理万机，汲汲忙忙。时任馆阁校勘的欧阳修，因担心老师案牍劳烦，过于辛苦，在一个大雪纷飞的日子里，与诗人陆经结伴去看望老师，希望带给老师一丝安慰。谁知一进宰相府，发现欢声笑语，热闹非凡，晏殊毫无军情紧迫之象，轻松得很，见他们来了，还在花园摆酒置茶，邀请他们一起继续开怀畅饮。欧阳修深感意外，即席赋诗《晏太尉西园贺雪歌》曰："晚趋宾馆贺太尉，坐觉满路流欢声。便开西园扫征步，正见玉树花凋零。小轩却坐对山石，拂拂酒面红烟生。主人与国共休戚，不惟喜悦将丰登。须怜铁甲冷彻骨，四十余万屯边兵。"诗中饱含学生对老师的善意规劝，意思是国难当头，作为军机大臣的晏殊，肩负重任，不应该花天酒地，闲如散官。

晏殊读后，差点儿没背过气去，后来在谈到此事时愤然对人说："昔者，韩愈亦能作言语，每赴裴度会，但云：'园林穷胜事，钟鼓乐清时。'却不曾如此作闹。"意思是当年韩愈赴宰相裴度聚会，也最多只说"园林穷胜事，钟鼓乐清时"，同种情境，面对同等尊贵的对象，欧阳修却极尽讽刺挖苦之能事，朋友尚不开这种过火的玩笑，何况老师呢？果然，欧阳修善意的诗句，使晏殊背上了只顾享乐、不顾天下安危和社稷苍生的恶名，成了他人生的污点。据《东轩笔录》佚文记载，自"即席赋雪诗"后，晏殊对欧阳修渐有怨隙，曾经明确表示："吾重修文章，不重它为人。"宋代邵博在《邵氏闻见后录》卷十五中也十分肯定地说："晏公不喜欧阳公。"

对于晏殊的愤怒，欧阳修十分不解，颇感委屈和纠结。皇祐元年（1049），时任颍州（治今安徽阜阳）知州的欧阳修给晏殊写了一封信说："修伏念曩日相公始掌贡举，修以进士而被选抡；及当钧衡，又以谏官而蒙奖擢。出门馆不为不旧，受恩知不谓不深。然而足迹不及于宾阶，书问不通于执事。岂非漂流之质愈远而弥疏，孤拙之心易危而多畏？动常得咎，举辄累人，故于退藏，非止自便……"（《欧阳修全集》卷九十六《与晏相公书》）他虽有感激，但更多的是抱怨，抱怨老师对自己的冷遇，有一种追根究底的索问之意。然而，晏殊阅后，当着宾客的面，敷衍了几句，交代文书代为作答了事。有宾客说欧阳修既是你的门生，也是当今大才子，名贯天下，如此敷衍，恐太草率。晏殊冷冷地说，对于这样一个门生，让文书代说几句，已经够看得起他了。可见，晏殊的确不喜欢欧阳修。

然而，晏殊不喜欢欧阳修，难道仅仅因为那首规劝诗吗？这对于一个具有领头雁风范的文坛宿将和"肚里能撑船"的宰相来说，未免小气。从晏殊平日扶持后辈不遗余力的习惯来看，也不至于。那么，到底是什么原因导致晏殊对欧阳修由喜到厌呢？这不得不将此事置于人的个性和时代背景中去分析了。

从性格上看，晏殊闲静平和，崇尚道家，守成忌变。《宋史·晏殊传》说他"性刚简，奉养清俭"。可见他是一个非常保守的人。事实亦如此，他任相十余年，始终延续着吕蒙正、李沆、王旦等人的执政风格，尚宽简，不苛细，清静无为，垂衣而治，遂有"太平宰相"之名。欧阳修却耿介而切直，执拗而刚烈，好论时弊，好争长短，且以风节自持。正如《宋史·欧阳修传》所说："修平生与人尽言无所隐。"无论对象是谁，他有批评就说，有意见就提，毫不忌讳。比如范仲淹因言被贬，高若讷作为司谏不仅不谏阻，反而推波助澜，欧阳修便写信痛骂高若讷，其中甚至有"不复知人间有羞耻事"之句。晏殊任期间，提拔欧阳修出任谏官，面对又一次有恩于自己的老师，他依然言辞激烈，常常让晏殊下不了台，"殊初入相，擢欧阳修等为谏官，既而苦其数论事，或面折之。"（清代毕沅《续资治通鉴》卷四十七）这样两个性格迥异的人，要想维持良好的师生关系，几乎是不可能的。

从政见上说，尤其对"庆历新政"的态度上，二人分歧严重。庆历年间，北方的辽国和西北的夏国不断侵略边境，战火燃起，纷争不断。在这两个游牧民族的入侵过程中，宋朝始终处于劣势，经常吃败仗。而战争失败除了带来版图缩小、贡输增加、生灵涂炭的后果之外，同时也带来对制度的拷问和反思，从而催生了北宋王朝第一次涉及朝野官民、范围最广的改革——"庆历新政"。其核心内容是改革吏治、壮大财力、增强武备，由参知政事范仲淹、枢密副使韩琦、富弼主导，时任谏官的欧阳修也紧随其后，摇旗呐喊。

在改革不断推进的过程中，欧阳修连连向仁宗上书，弹劾十余名反对改革的官员，爱憎分明，措辞激烈，使得朝野震惊。对于改革，晏殊虽然没有高调反对，但他却是态度最为暧昧的高官之一。改革如火如荼，他仍依然品酒填词，舒舒服服地当他的"太平宰相"。从"庆历新政"的开始到失败，几乎看不到晏殊明确表态的历史记载。然而作为宰相，在面对这场涉及广泛而深入的改革上不明确表态，不明确支持，这本身就意味着反对，这是无声的反对。而欧阳修追随改革的态度和异常激进的言论，更加加深了晏殊的反感。于是，晏殊干脆外放欧阳修，以龙图阁直学士出任河北都转运使——眼不见为净了。但是，这一决策遭到了一群谏官们的反对，他们上《乞留欧阳修札子》说："任修于河北而去朝廷，于修之才则失其所长，于朝廷之体则轻其所重。"强烈要求让欧阳修留任，但晏殊不为所动，明确表示"不许"。谏官们也不善罢干休，马上联名弹劾晏殊，致使晏殊罢相。而他这次罢相，又是因为欧阳修，他们之间的裂痕已然越来越深了。

不过，尽管老师对自己成见日深，意见渐大，欧阳修对自己的言行却从未表露过一丝悔改，当初怎么说，一生都怎么说。他经常对人说："晏公小词最佳，诗次之，文又次于诗，其为人又次于文也。"（《东轩笔录》佚文）晏殊逝后，欧阳修为老师献上了一首《挽辞》，一句"富贵优游五十年，始终明哲保身全"，表明了他对晏殊一辈子的态度。老师都入土为安了，他还是直话直说，丝毫不肯掩饰自己对老师过于苛刻的看法，所谓"晏公不喜欧阳公"，看来不是误传。

第七章

"似曾相识燕归来"来之不易

在宋词的星空里，晏殊无疑是闪耀得最早而又最亮的那颗星，他开创了北宋婉约词风，被称为"北宋倚声家之初祖"（倚声家：按照词调作词的名家）。其《蝶恋花》"昨夜西风凋碧树，独上高楼，望尽天涯路"，《玉楼春》"无情不似多情苦，一寸还成千万缕"，《踏莎行》"高楼目尽欲黄昏，梧桐叶上萧萧雨"等句，皆为千古绝唱。

然而，后人不太熟知的是，晏殊不仅是一个著名的词人，更是一个产量高到惊人的诗人。清代厉鹗《宋诗纪事》卷七转引宋祁《笔记》说："天圣初元以来，缙绅间为诗者益少，唯丞相晏公殊、钱公惟演、翰林刘公筠数人而已。晏丞相末年诗，见编集者乃过万篇，唐人以来未有。"为何"为诗者益少"？正如清代诗论家潘德舆所说："词之有北宋，犹诗之有盛唐。"大都填词去了罢。而晏殊开创词界新天地的同时，做诗益勤，到他晚年，见诸诗集的竟达一万多首，纵观两宋诗人，恐怕也只有"六十年间万首诗"的陆游可望其项背。

不过，晏殊所作的万余首诗，随着岁月的流逝和书籍的佚亡，大都散失，未能全部流传下来。《全宋诗》中仅录晏殊诗160首，相对于他海量的创作，这简直沧海一粟，难以饱览他诗歌"横看成岭侧成峰"的磅礴气势和瑰丽美景。

令人诧异的是，《宋史·晏殊传》评价他的创作"文章赡丽，应用不穷，尤工诗，闲雅有情思"，对他诗歌质量的评价，竟然超过了那些为人称道的词。不过，通过阅读晏殊存世的少量诗歌，我们亦能窥其堂奥。宋初的诗流行"西昆体"，师法李商隐到了顶礼膜拜的地步，但东施效颦，过了头，导致诗歌窒塞而气闷，浓艳而呆板。晏殊虽然也学李商隐，但他懂得分寸，每每清新活泼，情思幽妙。如《无题》："油壁香车不再逢，峡云无迹任西东。梨花院落溶溶月，柳絮池塘淡淡风。几日寂寥伤酒后，一番萧索禁烟中。鱼书欲寄何由达？水远山长处处同。"写怅然若失的思念，写得缠绵悱恻而又含蓄幽深，真挚而又不渲染过度，句句敲在人的心上，这才算得上得李商隐真传。

晏殊作诗，是极讲究锤炼词句的，与贾岛的"推敲"异曲同工。欧阳修《归田录》卷二载："晏元献公（晏殊谥号元献）喜评诗，尝曰：'老觉腰金重，慵便枕玉凉'未是富贵语，不如'笙歌归院落，灯火下楼台'，此善言富贵者也。人皆以为知言。""老觉腰金重，慵便枕玉凉"是寇准的诗句，晏殊批评寇准的诗堆金砌玉，全然不是真正的富贵气象，不如白居易"笙歌归院落，灯火下楼台"，不着金玉一字，富贵气却扑面而来。从这种批评和取舍中，既可看出晏殊对诗歌的好恶，更可以看出晏殊对诗歌词句有一种近乎"洁癖"的"苛求"，这种"洁癖"和"苛求"，也从侧面反映出他自己对待做诗的态度，可谓"语不惊人死不休"。

晏殊名作中有一首《示张寺丞王校勘》，诗曰："元巳清明假未开，小园幽径独徘徊。春寒不定斑斑雨，宿醉难禁滟滟怀。无可奈何花落去，似曾相识燕归来。游梁赋客多风味，莫惜青钱万选才。"是不是眼熟？确实，"无可奈何花落去，似曾相识燕归来"句，亦是他词作《浣溪沙·一曲新词酒一杯》中的名句。不过，这不是晏殊以词句入诗，而是以诗联入词。清代纪昀等编撰的《四库全书总目·珠玉词提要》载："《浣溪沙》春恨词'无可奈何花落去，似曾相识燕归来'二句，乃（晏）殊《示张寺丞王校勘》七律中腹联……今复填入词内，岂自爱其造语之工，故不嫌复用耶？"诗人忌讳重复，将自己诗中句子"移栽"到词中，更无异于"自我抄袭"，历代少有。然而晏殊此举，剑走偏锋，又恰到好处，于不可为处而为之，起到了一举两得、锦上添花之效，颇令人意外。其爱词之工丽、爱句之精警的执着，可见一斑。

而"无可奈何花落去，似曾相识燕归来"一句，又着实来之不易，说来还颇有一段曲折故事。宋代吴曾《能改斋漫录》卷十一"花落去燕归来"条载："晏元献公赴杭州，道过维扬（扬州别称），憩大明寺，瞑目徐行。使侍史读壁间诗板（题诗木板），戒其勿言爵里姓名，终篇者无几。又使别诵一诗云：'水调隋宫曲，当年亦九成。哀音已亡国，废沼尚留名；仪凤终陈迹，鸣蛙只沸羹。凄凉不可问，落日下芜城。'（《九曲池》）徐问之，江都尉王琪诗也。召至同饭，又同步池上。时春晚已有落花，晏云：'每得句书墙壁间，或弥年未尝强对。且如'无可奈何花落去'，至今未能也。'王应声曰：'似曾相识燕归来。'自此辟置，又荐馆职，遂跻侍从矣。"

宋仁宗天圣三年（1025），晏殊去杭州，路过扬州，歇息于大明寺，让侍从诵读游客留在寺内诗板上的诗作，并让侍从不要说出作者姓名，诵读多首，无一称意，大都听了开头就让侍从跳过去了，后读到一首五言律诗《九曲池》时，晏殊不仅听完，而且意犹未尽，问谁作的，得知为扬州府江都县（治今江苏扬州）尉王琪所作后，便让人请来王琪，共进晚餐。饭后，晏殊又邀王琪一起散步，正值暮春，晏殊看到满地落花，头脑中想起一事叹息道："我每得佳句，常常书于壁间，但有时经年也对不出满意的下联，比如'无可奈何花落去'一句，至今无佳句能对，十分懊恼。"王琪不言其他，应声而接道："似曾相识燕归来。"晏殊一听，真是浑然天成的绝对，真是"绞尽脑汁无觅处，得来全不费功夫"，禁不住击节赞叹。回京后，晏殊立即将王琪聘为僚属，不久又向皇帝推荐他出任大理评事、馆阁校勘，王琪从此官运亨通。

得一妙句便提携人才，甚至不遗余力，恐怕只有晏殊这种对遣词炼句极度痴迷的人才会如此郑重其事。正因为郑重其事，所以得妙句的同时，他还招揽了王琪这样一个出口成章的俊才，可谓一举两得。

第八章

欧阳修桃李满天下

欧阳修文章锦绣，为人却放达不羁，耿介切直，以致树敌无数，屡遭同僚诟病和围攻。宋仁宗曾不无遗憾地表示："如欧阳修者，何处得来？"老师晏殊甚至对人说："吾重修文章，不重其为人。"可见，欧阳修在做人上的确有过于刚直的一面，刻薄有加，宽容不足。然而，这样一个对同僚刻薄的人，对有真才实学的后生却表现出异乎寻常的大度，极尽赞美，竭力推荐，使一大批当时还默默无闻的才俊脱颖而出，名垂后世，堪称千古伯乐。

仁宗庆历二年（1042），当时还寂寂无闻的曾巩参加了当年的礼部省试，试前向文坛泰斗欧阳修写了一封信，并献《时务策》，展示自己的才情，表达自己的政见。欧阳修读了曾巩的文章，激赏不已。只是，曾巩才气过人，但他擅长古文策论而轻于应试骈文，即擅长先秦、两汉那种文言散体文及建言献策的策论，不擅长魏晋以来讲究声律对偶和辞藻典故的骈文，而宋初科举考试重骈文，故屡试不第，一直埋没于民间而无声无息，这次考试仍旧名落孙山。为此，欧阳修愤愤不平，在曾巩落第归乡之前，特作《送曾巩秀才序》相赠。他在这篇"赠序"中说："曾生之业，其大者固已魁垒，其于小者亦可以中尺度，而有司弃之，可怪也。"充分肯定了曾巩文章的思想性和艺术性，对礼部弃而不录表示不满，为其叫屈。又把曾巩纳入门下，当成最堪造就的学生，悉心教导，后来还盛赞曾巩说："过吾门者百千人，独于得生为喜。"在欧阳修的帮助和培养下，曾巩终于在仁宗嘉祐二年（1057）高中进士，一鸣天下知。

苏洵、苏轼、苏辙父子之所以能够成就如日中天的文名，也得益于欧阳修这位伯乐。苏洵二十七岁才开始发愤为学，即《三字经》所谓："苏老泉，二十七。始发愤，读书籍。"苏洵后来进军科场，却连连落榜，性格倔强的他，干脆把自己以前写的文章付之一炬，然后闭门谢客，埋头读书。经过数年磨砺，终于文章大进，下笔辄千言。据宋代叶梦得《避暑录话》卷下记载，嘉祐元年（1056），四十七岁的苏洵携二十一岁的苏轼、十八岁的苏辙，从家乡眉州（治今四川眉山）出发，进京赶考，拟参加当年开封府举行的解试，因解试在秋天举行，俗谓"秋闱"。若被录取，即有资格奋战来年的省试，因省试在春天举行，俗谓"春闱"。

抵京之前，苏洵先到成都，以文章为"敲门砖"，拜访了益州知州张方平（字安道），希望这位文坛宿将能够向朝廷举荐自己。苏洵的"敲门砖"果然惊动了张方平，但他婉拒了苏洵的要求，谦虚地说："吾何足以为重？其欧阳永叔乎？"文章方面，我人微言轻，欧阳修（字永叔，谥号文忠）乃当今文坛泰斗，亦为皇帝侍从顾问，向朝廷推荐，非他莫属。随后，张方平"乃为作书办装，使人送之京师谒文忠"，安排专人把苏氏父子护送至京师，让他们持自己的亲笔信谒见时任翰林学士的欧阳修。

其实，欧阳修与张方平一向不睦。《避暑录话》载其事并述其原因说："张安道与欧文忠素不相能。庆历初，杜祁公、韩、富、范四人在朝，欲有所为。文忠为谏官，协佐之，而前日吕申公所用人多不然。于是诸人皆以朋党罢去，而安道继为中丞，颇弹击以前事，二人遂交怨，盖趣操各有主也。"可见，欧阳修与张方平曾因政治上的主张不同而交怨，但当欧阳修读了苏洵的文章后，不但没有因为他是政敌的推荐而稍有怠慢，反而击节称叹道："后来文章当在此"。旋即向仁宗上《荐布衣苏洵状》说："伏见眉州布衣苏洵，履行淳固，性识明达，亦尝一举有司，不中，遂退而力学。其论议精于物理而善识变权，文章不为空言而期于有用。其所撰《权书》《衡论》《几策》二十篇，辞辩闳伟，博于古而宜于今，实有用之言，非特能文之士也。其人文行久为乡闾所称，而守道安贫，不营仕进，苟无荐引，则遂弃于圣时。其所撰书二十篇，臣谨随状上进。伏望圣慈下两制看详，如有可采，乞赐甄录……"向皇帝极力推荐，又在士大夫间广为延誉，苏洵从此名动京师。

欧阳修发现苏轼的故事，也是一段文坛佳话。嘉祐二年，欧阳修以翰林学士知贡举，担任这一年礼部试的主考官。策论一场，欧阳修出题《刑赏忠厚之至论》，点检试卷官梅尧臣批阅试卷时，发现其中一篇特别精彩，颇具"孟轲之风"，随即呈欧阳修阅。欧阳修眼睛一亮，觉得无论文采和观点，都堪当压卷之作，可以毫无争议地列为第一。不过，他的"入室弟子"曾巩也参加了这场考试，当时为杜绝徇私舞弊，确保公平公正，对考卷采取"弥封""誊录"之法，糊掉名字，重抄答案，文章属于谁，不得而知。欧阳修猜想这篇文章可能是曾巩所写，担心把自己弟子列为第一会遭人闲话，遂与梅尧臣商定，将此文考生列为第二。礼部复试，根据《春秋》三传出题十道，苏轼作答《春秋义》，欧阳修阅卷后，大为赞叹，毫不犹豫地将此生列为复试第一名。发榜时欧阳修才知道，初试、复试给他留下深刻印象的文章，均出自苏轼之手，让他惊叹不已。后来，他在给梅尧臣的信中盛赞苏轼说："读轼书，不觉汗出，快哉快哉！老夫当避路，放他出一头地也。可喜可喜。"（《欧阳修全集》卷一百四十九《与梅圣俞》）看到后生才情勃发，年逾知命的欧阳修竟兴奋得如孩童一般，信誓旦旦要让苏轼出人头地，爱才之情，溢于言表。

苏轼只是欧阳修主持嘉祐二年科考的一个侧影，当年共录取进士三百八十八人，不仅包括苏轼、苏辙、曾巩等文坛巨匠，还包括张载、程颢、吕大钧等旷世大儒，其中章惇、曾布、吕惠卿等人后来官至宰相，真可谓群星灿烂，千载一时。之所以一次考试能录取这么多名动当时、影响后世的人才，与欧阳修的学识、眼光和胸怀是密不可分的。他慧眼独具，古道热肠，为人梯，作嫁衣，不遗余力，一生桃李满天下。王安石、司马光等留名青史的人物，年轻时都得到过他的激赏与推荐。"唐宋八大家"除他自己外，其余宋代五人均出自他门下，多是在布衣屏处、未为人知的时候，被他相中、推介、提携而名扬天下的。《宋史·欧阳修传》说他："奖引后进，如恐不及，赏识之下，率为闻人。"高度概括了他的求才之渴、爱才之切、识才之准、举才之功，称他千古伯乐，应该不是过誉之词。

第九章

苏舜钦吃喝毁前程

北宋庆历年间，发生了一个震惊朝野的事件，事件的起因很简单，缘于一次同僚聚饮，文人雅集。

京城汴梁有个习俗，每年春秋两季都会举行"赛神会"，无非是拜神谒祖，敬香祈福。每当这天，京城大街小巷往往人烟辏集，热闹非凡，那些六部衙门里的大小官吏，也会利用这个节日，把平日里一些拆开的信封、废旧的纸张、不用的资料搜集起来卖掉，换点钱。你几文，他几文，大家凑分子，点菜沽酒，开怀畅饮一番。庆历四年（1044）秋，刚刚出任监都进奏院不久的苏舜钦，就牵头组织了一次这样的聚会。

宋朝满天繁星的文人才子中，苏舜钦是相当耀眼的一位。苏舜钦（1008—1048），字子美，祖父苏易简，曾经任参知政事，父亲苏耆，曾任工部郎中，岳父杜衍还是当朝宰相，可谓世家望族出身。虽为贵公子，但苏舜钦没有沉迷肤浅的享乐，而是志存高远、苦读诗书。十多岁时，作为名门之后，他被朝廷荫补为太庙斋郎，任荥阳县（治今河南荥阳）尉。只是，靠祖上的荫德坐享其成，这既不符合他的理想，也不符合他的性格。不久，他参加科举考试，凭真才实学考上了进士，改任光禄寺主簿、知长垣县（治今河南长垣）。

苏舜钦有才气，有识见，也有个性。他"诗书双绝"，其诗豪迈高远、热情奔放。文坛领袖欧阳修对他十分赏识，曾把他与大诗人梅尧臣合称为"苏梅"。他的书法也别具一格，"草书尤俊快"，常常"落笔争为人所传"，与当时著名书法家周越齐名。只是，苏舜钦不以此为荣，反以此为屈，曾说："吾不幸写字为人比周越，作诗为人比梅尧臣，良可叹也。"（宋代魏泰《东轩笔录》卷十一）认为别人对自己的评价太低，颇见其性格中自负的一面。

苏舜钦有一个苦读的典故，颇为时人所许。宋代龚明之《中吴纪闻》"苏子美饮酒"条载："子美豪放，饮酒无算。在妇翁杜正献（正献为杜衍谥号）家，每夕读书，以一斗为率。正献深以为疑，使子弟密察之。"苏舜钦年轻时寄居岳父杜衍家，日夜读书，力学不倦。女婿好学，老丈人自是笑容可掬，不过有一件事颇令他不解，女婿每晚读书，常常喝酒，而且动辄一斗，这是为什么呢？杜衍特命子弟们在苏舜钦读书时前去暗中观察。孩子们回来报告说，苏舜钦正在读《汉书·张良传》，当他读到"良与客狙击秦皇帝，误中副车"时，突然拍案而起说："可惜啊，击之不中！"于是饮酒一大杯。读到"良曰：始臣起下邳，与上会于留，此天以臣授陛下"时，又拍案而起说："君臣相遇，其难如此！"再饮酒一大杯。杜衍听完他们绘声绘色的描述，哈哈大笑道："有如此下酒物，一斗诚不为多也！"此后，"《汉书》下酒"遂成读书典故，激励着后人爱书、读书、苦读书，清代孔尚任《桃花扇》中亦有"且把抄本赐教，权当《汉书》下酒"之语。

这样一个饱读诗书而又才华横溢的人，在特别重才爱才的宋朝，本该是顺风顺水，前途一片光明，何况他还是前朝副相苏易简之孙、当朝宰相杜衍之婿，背景非同一般。然而，恰恰是这不一般的背景，以及自负的性格，将苏舜钦裹挟到了一场血雨腥风的斗争中。

庆历四年，正将"庆历新政"推动得如火如荼的范仲淹，为延揽改革人才，加快改革在各地落地生根，特举荐苏舜钦出任集贤校理、监都进奏院。都进奏院"总领天下邮递"，职掌全国诸路监司及所属州、府、军、监与朝廷上下往来邮递事，负责朝廷与地方的信息沟通和公文传递，是一个上传下达的机构。这样一个文件累积、资料成堆的地方，废纸、废信封、废资料等，多了去了，苏舜钦作为都进奏院长官，因此吃喝不愁。于是，这个秋季的赛神会，他主动做东，邀请了一些像他一样傲世轻物的同僚和才气超然的文人，商量好以卖废纸的钱会餐。为了避嫌，苏舜钦主动出钱，自掏十贯，同时要求朋友们多少不一，也象征性地出点钱，"自以十千助席，预会之客，亦醵金有差。"（《东轩笔录》卷四）差不多类似于今天的 AA 制。被邀请的人包括刘巽、王洙、于约、王益柔、梅尧臣等十数位满腹经纶的青年才俊。苏舜钦之所以主动邀请他们，无非政见趋同、性情相近，大家在一起吹牛也好，瞎掰也好，谁也不见外，不生分，无所顾忌。他们边喝酒，边吟诗，议论时政，臧否人物，激情澎湃，酣畅淋漓。喝到高潮处，他们又乘兴唤来两名歌妓助兴，那真是"开琼筵以坐花，飞羽觞而醉月"，乐声、歌声不绝于耳，饮酒、吟诗通宵达旦。

彼时，文人聚会，是雅事，人人向往之，尤其是那种徘徊于边缘的同僚，更希望在这种聚会中露露脸，博得高雅之名。太子中书舍人李定曾当面向苏舜钦表示，希望能参加这次盛会。苏舜钦平时与李定就不投缘，何况李定又是靠荫补入仕的，更为他所鄙薄。因此，苏舜钦冷冷回答说："乐中既无筝、琶、筚、笛，坐上安有国、舍、虞、比。"（宋代洪迈《容斋三笔》卷十六）意思是我们下级一起喝闷酒，怎么好邀请您这样的大领导屈尊呢？绵里藏针，高调拒绝，让李定碰了一鼻子灰。

如果苏舜钦找个其他理由婉拒，李定也许不会较真，但苏舜钦话中有话，酸中带讥，不但把他排除在雅士清流之外，还明显带有侮辱之意，让他不禁怒火中烧，久久不能平复。既然你不仁，就别怪我就不义了。待"赛神会"过后，李定设法打听到苏舜钦组织聚饮的详细情况，再无中生有，添油加醋，把当日的场景描绘得不堪入耳，到处散布。于是，京城内外，对苏舜钦等人的流言蜚语，一时甚嚣尘上。

这事很快就传到了王拱辰耳朵里，他是御史中丞，其职责就是纠察百官，肃正纲纪，出了这么一件公款吃喝、伤风败俗的事情，岂能坐视不管？加上苏舜钦为"庆历新政"主将范仲淹所极力举荐，是改革最大支持者、宰相杜衍的乘龙快婿，而王拱辰则是"庆历新政"坚决反对者，正以"朋党"之名为武器，猛攻范仲淹以及支持他的朝臣。在这个节骨眼上，一群"小跟班"作风上出了问题，对于王拱辰来说，无异于意外得到一个"神助攻"，这种好机会怎能轻易放过？王拱辰打听到那班文人小吏当时不仅召歌妓，而且殿中丞、集贤院校理王益柔还在酒会上作《傲歌》一首，中有"醉卧北极遣帝扶，周公孔子驱为奴"的句子，简直是坏名教而乱礼法，于是立即鼓动刘元瑜等一班御史组织材料，罗织罪名，联名告到了宋仁宗那里。仁宗闻之雷霆震怒，最后以"监主自盗"的罪名，将苏舜钦削籍为民。与会的刘巽、王洙、于约、王益柔、梅尧臣诸才子，以及其他在座者共十余人，或落职，或贬官，或外放，一律受到了不同程度的处分。苏舜钦受到的处分最重，心比天高的他自取其咎，一腔报国热情从此付之东流。然而，他的自毁前程，竟是因为一次当时谁也不会太在意的公款吃喝，颇出人意料。

其实，用卖废纸的钱吃吃喝喝，在北宋京城各衙门实在是再也寻常不过的事情。苏舜钦的获罪，根源不在吃喝，既因政治，又因性格。如果说王拱辰鼓动御史联名弹劾是因为政治，那么李定的负气传谣，便是因为苏舜钦的性格了。恃才傲物是文人的通病，苏舜钦尤甚，加上好出奇言、好作怪论、好以天下为己任，便近乎天真了。仁宗天圣年间，玉清昭应宫被焚毁于火灾，年仅二十一岁的苏舜钦向仁宗上书言事，开篇即是："烈士不避铁钺而进谏，明君不讳过失而纳忠，是以怀策者必吐上前，蓄冤者无至腹诽……"（《宋史》卷四百四十二）自诩"烈士"，威逼皇帝，言下之意是，听我的谏言就是纳忠明君，不听则是无道昏君，这样的言语出自一位官僚世家子弟的口中，不仅显得天真，而且幼稚。

文人讲究个性、心灵，而政治讲究利益、妥协，这是两个方向，两条道路，永远也不可能并轨的。以文人的"个性"去较真政治的"妥协"，就像安徒生童话里那个说皇帝什么衣服也没有穿的孩子，是迟早要栽跟头的。即便苏舜钦今天不因吃喝而削籍，明天还会因为某些乖谬行止而罢官，其结局或许是注定的。

第十章

"钓鱼宴"：宋朝公务员的开卷考

在宋朝，官员晋升有一条"捷径"，那就是诸多文人士子做梦都想参与的"钓鱼宴"。每当阳光明媚的日子，皇帝经常会召集一定级别的官员到皇宫，在亭台水榭间赏花、钓鱼、赋诗、习射，大家戴宫花、品佳酿，会桃李之芳园，序君臣之乐事。

"钓鱼宴"，也叫"赏花钓鱼宴"，是皇帝牵头举办的大型文娱活动。宋太祖"陈桥兵变"取天下后，经常召来自己亲近的官员，赏花习射于宫苑之中，这是钓鱼宴的最初发端。不过，当时参加的人数不多，规模不大，不定期，很随意。雍熙二年（985），宋太宗正式把钓鱼宴参加的人员、规模、程序确定下来，作为朝廷定例，年年如期，"雍熙二年四月二日，诏辅臣、三司使、翰林、枢密直学士、尚书省四品两省五品以上、三馆学士宴于后苑，赏花、钓鱼，张乐赐饮，命群臣赋诗习射。赏花曲宴自此始。"（《宋史》卷一百一十三）

那么，宋朝皇帝为什么要年年举行这样的文娱活动呢？简单地说就是试才华、拉关系、稳政权、听赞歌。立国之初，人才是本，皇帝们求贤若渴，除了开科取士之外，又想出这一高招，在赏花赋诗中吸引人才、发现人才、提拔人才。同时，宋朝取后周而代之，大多数官员都是后周旧臣，即太祖、太宗原来的同事，地位的改变有许多心理与礼制层面的问题要解决。君臣有隙，则邦国不宁，提高部下的向心力，构建新的上下级关系，维护自己的核心权威，是朝廷当务之急，正如后来宋孝宗与大臣们交谈时所说："祖宗时，数召近臣为赏花钓鱼宴，朕亦欲暇日命卿等射弓饮宴……君臣不相亲，则情不通。早朝奏事，止顷刻间，岂暇详论治道！故欲与卿等从容耳。"（清代毕沅《续资治通鉴》卷一百四十二）要稳固皇权，必须把官员们牢牢捆绑在自己的周围，形成稳定的上下级关系，钓鱼宴恰好提供了这个平台。加上建百代之功勋，创万世之基业，帝王们都会飘飘然，得意到忘形，让一班人围着、黏着、捧着，吹牛皮，唱赞歌，众星攒月，马屁声声，翕然称颂。这些，都是钓鱼宴的题中之义。

钓鱼宴年年举行，一批人才从这个"宫廷春晚"中脱颖而出。据宋代孔平仲《谈苑》卷四载："赏花钓鱼，三馆惟直馆预坐，校理以下，赋诗而退。"集贤校理李宗谔因为不能参加宴会，赋诗道："戴了宫花赋了诗，不容重见赭黄衣。无憀独出金门去，恰似当年不第归。"内心不平，颇有牢骚。谁知，太宗阅后惊异于李宗谔的才华，非常高兴，"特诏预宴，即日改官。"不仅特批他赴宴，还马上提拔。其他宋朝大文人如杨亿、姚铉、王禹偁等，或通过钓鱼宴引起皇帝的注意，或通过钓鱼宴博得皇帝的垂青，都得到了重用提拔。钓鱼宴，成了皇帝网罗天下人才的宴会。

十年寒窗，读书破万卷，还只弄个进士出身，陪皇帝钓一次鱼，赋几句诗，就能连升数级，一步登天，无异于一本万利。这让大家对钓鱼宴趋之若鹜，都希望在钓鱼赋诗中，把自己最优秀的一面表演给皇帝看。参加钓鱼宴也是身份与地位的象征，那些曾经在禁苑陪皇帝钓过鱼、赋过诗的，更是以此为荣，到处宣扬。像欧阳修、范仲淹、司马光等一大批政治家、文学家，都在致友人的书信或诗歌中反复提及和咏叹，得意之色溢于言表。

钓鱼宴一般都会提前确定举行的日期和赋诗的题目，先让大家准备准备，如同公务员的开卷考试。每当通知下发之后，无论是学士翰林，还是六部首长，纷纷对着诗题，挑灯夜战，撕了又写，写了又撕，不厌其烦，直到自己满意，然后背得滚瓜烂熟，了然于心。到了那天，大家峨冠博带，踱着方步，一个个踌躇满志。因此，每次钓鱼宴所献的诗歌都清一色地工整，而且不跑题，不走调。

当然，也不是所有的钓鱼宴都开卷，开卷考试有时候不仅试不出真才，也试不出真心，更不能体现皇帝手持胡萝卜和大棒的奖罚权威。天圣八年（1030），宋仁宗举行钓鱼宴，宴前本来已经把诗题通知了大家，恰巧当时地方上进贡一批"山水石"，仁宗灵机一动，取消了原定题目，改用"山水石"为诗题，这下可把那些诗歌准备得好好的大臣弄蒙了，吓傻了，手足无措，半天找不到感觉。大家抓耳挠腮之际，宫廷优人（以乐舞、戏谑为业的艺人）还出来戏弄大家，手拿毛笔做吟哦状，其中一人假装被石头绊倒在地，众人扶起后，他叹息道："累日来作一首'赏花钓鱼诗'准备应制，却被这石头擦倒。"（宋代阮阅《诗话总龟》卷四十八）大家笑也不是，不笑也不是，表情十分尴尬。这次宴会，整体诗歌水平较以往大幅下降，其中，度支员外郎韩羲更是行为鲁莽，诗歌粗俗，被评价为"鄙恶"，惹得仁宗震怒，马上降其为司封员外郎、同判冀州，把他赶出了京城。看来，钓鱼宴也不能保证人人都有好运气。

　　钓鱼宴不仅要赋诗，当然还得钓鱼，但在皇宫禁苑钓鱼，既无姜太公的坦然，亦无乡野村夫的闲适，禁苑钓鱼有严格的程序和规矩，简而言之："天子未得鱼，侍臣虽先得鱼，不敢举竿。"（宋代司马光《涑水记闻》卷三）意思是皇帝没有钓到鱼，大臣们即使有鱼咬钩，也不得起竿。而且皇帝钓的鱼要用红丝网装，大臣钓的鱼只能用白丝网，丝毫不能乱套。有一次钓鱼宴，仁宗钓到鱼后，大家纷纷道贺，侍从用红丝网帮皇帝装好。接着，宰相中有得鱼者，侍从用白丝网装好。这时，尚书左仆射兼侍中（首相）曹利用得鱼，侍从用红丝网为他兜鱼，他居然不推辞。曹利用平时就居功自傲，又做出这种出格事，更让上上下下侧目而视。不久，不可一世的曹利用获罪被贬，先贬随州（治今湖北随州），再贬房州（治今湖北房县），连连降职。深感屈辱的他，最后在去房州的路上，用一根绳子了却了自己。真是伴君如伴"钓鱼翁"，在皇帝身边，即便是钓鱼这种娱乐活动，也如走钢丝一样凶险，稍有不慎就会万劫不复。

　　所以，宫廷禁苑钓鱼，不是平凡意义上的钓鱼，它钓的是规矩，钓的是政治，钓的是权威，钓的是上下有别，尊卑有序。其实，整个赏花钓鱼宴，无论赏花也好，赋诗也好，又何尝不是一次精心设计的钓鱼活动呢？钓者是皇帝，鱼儿是大臣，最后收入网中的，是一颗颗被俘获和奴役的心。

第十一章

"润笔钱"：宋朝秘书们的外快

宋朝皇帝的秘书班子，包括翰林学士、中书舍人和知制诰等。这个秘书班子里的人，都是皇帝千挑万选出来的，个个才高八斗、学富五车。不过，秘书们虽然才学兼优，但鉴于当时工资水平低，待遇不够好，皇帝便琢磨着要想个什么办法来弥补一下，好让他们安心工作。

宋代沈括《梦溪笔谈》卷二载："内外制凡草制除官，自给谏待制以上皆有润笔物。太宗时，立润笔钱数，降诏刻石于舍人院。"秘书班子根据官位和执掌的不同，分"内外两制"，翰林学士接受皇命所撰、直接发自禁中的诏令，称为"内制"，中书舍人或他官知制诰者所撰、加盖天子玉玺、经中书门下省发出的诏令，称为"外制"。秘书为皇帝起草官员任命文件，被任命者凡提拔到给谏（给事中与谏议大夫合称）、待制（侍从职名）以上的，都要给他们掏润笔费用，或钱或物，意思意思。不过，意思毕竟只是意思，标准不明，数额不定，酷似"打秋风"，没有上升到制度层面。所以，宋太宗继位后，想秘书之所想，急秘书之所急，把秘书的润笔钱写进了官方文件，以制度的形式固定下来，规定了具体金额，还刻碑立在舍人院中，成了长效机制，可见领导对提高秘书待遇的重视程度。

皇帝调整一批干部，秘书从容起草完任命文件，瞟一眼舍人院中的石碑，就知道今天进账多少。这对于本就拥有一份工资的秘书来说，无异于意外横财，相当于皇帝给了他们一条致富的捷径。而且，不怕你赖账，"每除官，则移文督之"，你还在上任的路上，追润笔钱的文书就尾随而来了。

对于秘书来说，这么一个源源不断的业务，是不是要轮流安排，利益均沾呢？也不是。皇帝有皇帝的标准，官员有官员的偏好，文件拟得好的，上下皆喜，业务量大。宋真宗的秘书杨亿才华卓绝，诏令拟得好，"杨文公（杨亿谥号文）以文章幸于真宗，作内外制，当时辞诰，盖少其比。"（南宋吴曾《能改斋漫录》卷十二）杨亿所草诏令，条理文采其他秘书没得比，因此深得真宗喜爱，安排的业务非常多。业务多，进账自然就多，收入自然就高，"故润笔之入，多于众人。"而且，一些官员为了让自己的名字能够出现在杨亿起草的干部任命文件中，甚至专门等到杨亿值班的时候才提出申请，"朝之近臣，凡有除命，愿出其手。俟其当直，即乞降命。"不怕任命的文件来得迟，反正千方百计都要等到杨翰林有时间再起草。因而，杨亿的收入不是一般的高，而是惊人的高。例如，寇准被皇帝提拔为宰相，就是杨亿起草的文件，其中"能断大事，不拘小节。有干将之器，不露锋芒；怀照物之明，而能包纳"（《梦溪笔谈·续笔谈》）几句，使寇准特别高兴，惊叹"正得我胸中事"。为此，寇准除了支付规定的润笔钱外，还"例外别赠白金百两"，给了杨亿一笔丰厚的外快。

这个润笔钱政策，的确让平时喝惯了西北风的秘书们尝到了甜头，文章越写越好，待遇越来越高，像杨亿收寇准"白金百两"，几乎一夜暴富。不过，皇帝给的政策好是好，但他只给政策不掏钱，润笔钱由文件中被提拔的官员出，无疑加重了官员们的经济负担。这意味着他们还没领到工资，就要交一笔不菲的"买官钱"。寇准毕竟任过多年要职，堆金积玉，资财殷实，再多也能轻松支付，但对于许多家境贫寒、积蓄无几的官员来说，势必把他们逼到更穷的境地。秘书的收入增加了，他们却被害惨了，结果不是道尽途穷、债台高筑，就是受贿索贿、频频伸手。

皇帝做好，官员买单，这让下面一些官吏很有意见，因此政策在执行过程中遭到了抵触，落实起来越来越难。欧阳修在《归田录》卷一中说："近时舍人院草制，有送润笔物稍后时者，必遣院子诣门催索，而当送者往往不送。相承既久，今索者、送者皆恬然不以为怪也。"秘书们拿起毛笔就兴奋不已，官员们收到文件就心惊肉跳，提拔者拖欠、秘书们追讨润笔钱的现象屡见不鲜，对立情绪日益严重。

元丰年间，宋神宗感到这个制度再难执行下去，便取消了收取润笔钱的规定，"元丰中，改立官制，内外制皆有添给，罢润笔之物。"（《梦溪笔谈》卷二）润笔钱虽然在官方文件中消失了，但秘书的待遇不能减呀，那样既影响文章水平，又挫伤工作积极性。神宗的办法是给秘书加薪，"内外制皆有添给"，改官员掏钱为皇帝买单，矛盾迎刃而解了。这说明，政策可以取消，领导对秘书的关心永远不会取消。

宋朝南渡之后，很多政策都有了一定程度上的改变，唯"润笔钱"如旧。宋高宗绍兴二十六年（1156），起居舍人王纶兼职"内制"，那些皇帝堆积如山的诏令，大都是他起草的，"高宗躬亲政事，收揽威柄，召诸贤于散地，诏命填委，多纶所草。"（《宋史》卷三百七十二）高宗宠幸刘妃，将她由婉仪进位贵妃，其诏令就是王纶起草的，高宗看后，"称其有典诰体，润笔万缗，赐砚尤奇。"高宗称王纶文笔好，大加赞扬，不但给予的润笔钱多达万贯，而且还赏了他一个极为珍贵的砚台。

第十二章

"红杏尚书"的奇遇

小宋宋祁的运气不够好，比如费了九牛二虎之力中了状元，最后却不得不拱手让给自己的兄长。宋仁宗天圣二年（1024），宋祁与兄长宋庠同时参加礼部考试，宋祁考了第一，宋庠第三，名次报到"垂帘听政"的刘太后（谥号章献明肃）处，刘太后以不希望弟前兄后为由，把第三名的兄长拔到第一，把第一名的弟弟降至第十，从此，人们称兄弟俩为"二宋"，兄为大宋，弟为小宋。

小宋笔参造化，才气过人，在高手如云的北宋词坛以一曲《玉楼春》笑傲群雄，词曰："东城渐觉风光好，縠皱波纹迎客棹。绿杨烟外晓寒轻，红杏枝头春意闹。浮生长恨欢娱少，肯爱千金轻一笑。为君持酒劝斜阳，且向花间留晚照。"写春景，赞春光，落墨随意，闲雅风流，尤其"绿杨烟外晓寒轻，红杏枝头春意闹"一句，着字奇绝，影响广远。清代王士禛说："'红杏枝头春意闹尚书'，当时传为美谈。"近代王国维说："著一'闹'字而境界全出。"此词遂成千古绝唱，宋祁因得"红杏尚书"的美称。

大宋的才气不如小宋，运气却远胜小宋。他是状元，又是刘太后看中的人，于是，先任大理评事，随即破格升为太子中允，再迁左正言、知制诰、参知政事，官至执政，称得上平步青云。仁宗皇祐元年（1049），还被提拔为兵部侍郎、同中书门下平章事、集贤殿大学士，当上了宰相。而小宋虽然历任军事推官、直史馆、龙图阁学士、知制诰，但从未得到过与其学养声誉桴鼓相应的重任，始终在散官闲职的岗位上徘徊，上也不上，下也不下，有他不多，无他不少，与他的理想抱负相去甚远。

其实，大宋不但才气不如小宋，就是能力和政绩，也不如小宋。宋朝进入仁宗时代，由于经济的发展和社会的繁荣，导致了享乐思想的泛滥，机构臃肿，人满为患，用度奢华，开支陡增。同时，北有契丹威胁，西有党项骚扰，一旦开边衅，启战端，以当时的军备与国力，恐无法抵挡。小宋敏锐地察觉到了这一点，尽管官位不显，然而心忧天下，他向仁宗上奏，力陈"朝廷大有三冗，小有三费，以困天下之财"，主张裁减冗官、冗兵、冗僧"三冗"，及道场斋醮、京师寺观、使相节度"三费"，首度提出了后世熟知并困扰北宋多年的"三冗""三费"概念，倡导节约公务开支，杜绝铺张浪费，可谓眼光精准，切中时弊，成为了当时朝廷最有影响的奏章之一。仁宗康定年间，西夏果然入侵，战火复燃，他又上《御戎论》七篇，为御敌强兵提建议、献良策。他还与欧阳修合作撰写《新唐书》，前后长达十余年，为成就这一部卷帙浩繁的文化遗产做出了卓越贡献，仅此一书，小宋足以影响当时，名垂后世。

而大宋一生，最有影响的政绩不过是在知审刑院任上，曾经不顾宰相陈尧佐的阻挠，一举打掉了密州（治今山东诸城）黑社会老大王濙的犯罪团伙，依法判处王濙死罪，在群众中引起轰动。大宋后来出任宰相多年，墨守成规，毫无建树。仁宗时期名相迭出，大宋却是最不出名的一位，《宋史·宋庠传》说他"慎静为治""沉浮自安"，几乎是不着痕迹的批评了。

为什么墨守成规、毫无建树的大宋能当宰相，能力卓越、有所作为的小宋却英雄无用武之地呢？一看性格，二看运气。

大宋虽然政绩平平，但他为人尚简，雍容有度，《宋史·宋庠传》载，"庠为相儒雅，练习故事"，说明他宽容通达，熟悉朝章国故，凡事能以惯例处置，内外和谐，上下融洽，这种人当宰相，大都是事找他，他不找事，不求无功，但求无过，任凭风浪起，稳坐钓鱼台，当得好。而与大宋相比较，小宋性格迥异，正如《宋史·宋祁传》所说："祁兄弟皆以文学显，而祁尤能文，善议论，然清约庄重不及庠，论者以祁不至公辅，亦以此云。"小宋文章虽好，但好议论，喜品评，自视甚高，傲世轻物，不及大宋"清约庄重"。性格决定命运，大家都认为小宋最终没当上宰相，这是一个重要原因。

小宋在生活上也不检点。据明代蒋一葵《尧山堂外纪》卷四十六载："小宋好客，会宾于广厦中，外设重幕，内列宝炬，百味具备，歌舞俳优相继，观者忘疲，但觉更漏差长，席罢已二宿矣。名曰'不晓天'。"其歌舞升平耽于享乐若此。尤好美姬，喜欢媵婢环侍的感觉。宋代魏泰在《东轩笔录》卷十五中记载，小宋任成都知府期间，曾与同僚聚饮于锦江之上，夜半时分，寒意渐浓，命人回去取"半臂"（无袖上衣），妻妾们争相去取，不多时，一人手里拿着一件，送到了小宋跟前的"半臂"，竟达十几件之多。小宋担心有厚薄之嫌，一件都不敢穿，最后只得忍冻而归。这则故事后来亦演化为成语："半臂忍寒"。小宋还有一个异常特别的习惯，就是每到读书时，必左右环抱二女，方可静心入书，这种习惯据说他一直保持到晚年也没有改变。生活中的小宋就是这样，歌舞相继，妻妾成群，奢侈放纵，堪称娱乐至死的典范。

同时，升官是诸多条件与机会的积累，才气好，还要运气好。小宋的官运，却伴随着太多倒霉的因素，有时简直"喝水都塞牙"。

一是兄长当大官，老弟受影响。《宋史·宋祁传》中有几条与大宋有关的记载："庠罢，祁亦出知寿州，徙陈州……庠复知政事，罢祁翰林学士，改龙图学士、史馆修撰……"不难看出，大宋的职务一变动，小宋就受影响。而且无论是升、是降，都受影响，或因避嫌，或遭牵累，不是平调，就是降职，在升迁的路上，兄长成了一个绕不过去的障碍。

二是不讨宰相喜欢。仁宗嘉祐年间的宰相韩琦，就极不喜欢小宋这位生活不够检点的下属，宋代叶梦得《石林诗话》载："宋景文公子京（宋祁字子京，谥号景文）不甚为韩魏公（韩琦封魏国公）所知，故公当国，子京多补外。"宰相不喜欢，小宋当然只能在地方上混混了。

三是不小心得罪了贵妃。庆历八年（1048），仁宗准备册封宠妃张美人为贵妃，小宋当时为翰林学士，正好轮到他撰写制书，他没等下达圣旨、举行仪式，就写好制书、盖好图章，直截了当地送给了张美人。而张美人正盼望着在册封仪式上风光一把，结果被一个小小的翰林搅了好事。张美人勃然大怒道："何学士敢轻人？"把制书丢在地上不肯接受。从此，小宋成了这位宠妃的眼中钉。

最为关键的是，小宋好言大事、臧否人物的性格，在皇帝仁宗那里留下了不好的印象。有人向仁宗建议，说二宋兄弟皆可大用，都能当宰相。仁宗说，大宋尚可，小宋一到朝堂之上，在他眼里大臣中没一个人是正确的。正因为仁宗的这个评价，大宋当了宰相，小宋却以翰林告终。连皇帝都不喜欢的人，还有机会当宰相么？

当然，小宋也有运气亨通的时候，而且简直可以说是奇遇。宋代黄昇《花庵词选·宋子京》中载有一桩逸事，说翰林学士小宋某日路过京城繁台街，恰遇宫内出来一队车马，某宫女揭开车帘，一见潇洒行于街道上的宋祁，惊讶地唤了声："小宋！"小宋回头，惊鸿一瞥，久久不能释怀，归家后填词一首《鹧鸪天》曰："画毂雕鞍狭路逢，一声肠断绣帘中。身无彩凤双飞翼，心有灵犀一点通。金作屋，玉为笼，车如流水马游龙。刘郎已恨蓬山远，更隔蓬山几万重。"

这首词辗转到了仁宗手头，听说了故事的来龙去脉后，他追问何人呼小宋？那位惊呼小宋的宫女怀着视死如归的决心，毅然站出来请罪自陈说："我曾在侍奉御宴时见过小宋，所以出宫揭帘偶见，脱口而出。"

仁宗召来小宋，说起《鹧鸪天》，徐徐吟道："画毂雕鞍狭路逢。一声肠断绣帘中……"小宋一听，顿时吓得魂飞魄散，仁宗却仁慈地笑道："蓬山不远啊！"随即把那位美丽的宫女赏赐给了他。

仁宗非但没有因为自己对小宋的成见借题发挥，反而成就了一段美好姻缘，倒也不失为一位宽容的君主。小宋以为是个错误，不想原来是个美丽的错误，无怪乎王士禛由衷感叹道："小宋何幸得此奇遇，令人妒煞！"填词竟能抱得美人归，这的确是他人生路上的一大奇遇，怎能不让那些至今还在绞尽脑汁寻章摘句的文人们"妒煞"呢？

第十三章

石延年酒事

宋朝推行偃武修文政策，皇帝与士大夫共治天下，尤其是对读书人的尊重和对言论的宽容，其他帝制王朝，无可比拟。由此也出现了一些怪现象，许多读书人出身和以读书人自居的士大夫，虽然身在官场，却常常说话无遮拦，行事无分寸。如副宰相石中立，爱在正襟危坐的朝堂之上拿大臣们开玩笑，呼同僚上官辟为"上官鼻"，喻员外郎为"园外狼"，从没正经。又如书学博士米芾，经常戴着高帽子招摇过市，与冷冰冰的石头称兄道弟，做官一世，疯癫一生。这些看似荒诞但个性鲜明的行为，并未受到苛责和处罚，从而滋长了士大夫自由表达的习惯和负才任气的风习。宋真宗、宋仁宗时期的诗人石延年，就是在这种风气浸润下成长起来的一代奇才。

　　石延年（994—1041），字曼卿，宋城县（治今河南商丘）人，为人豪放，诗才卓绝，是北宋前期最著名的诗人之一。《宋史·石延年传》载："延年为人，跌宕任气节，读书通大略，为文劲健，于诗最工而善书。"宋代王辟之《渑水燕谈录》卷七亦称："石曼卿，天圣、宝元间以歌诗豪于一时。"而他在创作上的最大功绩，莫过于创新，即克服浮艳之风，追求自然，崇尚清新。

　　宋初，刘筠、杨亿、钱惟演等一批诗人士大夫，效法李商隐，堆砌典故，嫁接妙语，创作了大量音律和谐、词藻华丽的诗歌，结集成《西昆酬唱集》，天下士子争相传阅，一时洛阳纸贵。其他诗人也纷纷效法，从而形成了宋初最有影响的一大诗派——西昆诗派。但是，外表的华丽，掩盖不了内容的空洞，浮艳之风成为这一诗派的致命伤。石延年遂与欧阳修、梅尧臣、苏舜钦一起，逆时流而动，努力创新求变。

　　石延年诗才敏捷，出口成章。他的好朋友苏舜钦在《石曼卿诗集序》中说："曼卿资性轩豁，遇者辄咏，前后所为不可胜计。"他的诗歌创作数量堪称惊人，可惜，多数逸亡，未能全部保存下来。《全宋诗》仅收录四十多首，不过，窥一斑而见全貌，从这仅存的四十多首诗歌中，依然能看出石延年的诗歌特点和创作成就。如他的《金乡张氏园亭》："亭馆连城敌谢家，四时园色斗明霞。窗迎西渭封侯竹，地接东陵隐士家。乐意相关禽对语，生香不断树交花。纵游会约无留事，醉待参横月落斜。"堪称经典之作。特别是："乐意相关禽对语，生香不断树交花"一句，与后来林逋的"疏影横斜水清浅，暗香浮动月黄昏"有异曲同工之妙，均是于寻常景致中表达出情景交融的新意，是宋诗中难得的名句，为时人所激赏。

而在仅存的诗篇中，最能体现他诗风与性格契合的作品，要数《瀑布》："飞势挂岳顶，何时向此倾？玉虹垂地色，银汉落天声。万丈寒云湿，千岩暑气清。沧浪不足羡，就此濯尘缨。"其汪洋恣肆、雄壮豪放之风，一览无遗。故欧阳修评价他："气貌伟然，诗格奇峭。"宋初学者石介《三豪诗送杜默师雄》首句便言："曼卿豪于诗，社坛高数层。"给石延年冠以"诗豪"之名，列为文坛第一。石延年本人作为北宋诗文改革的先驱者，不但对当时的欧阳修、梅尧臣、苏舜钦有影响，对后来的王安石、黄庭坚等人的创作，亦产生了一定的影响。

"诗豪"之外，石延年还是一个真正的"酒鬼"。

要说历代诗人中的酒仙，人们都会异口同声地回答说李白；要说酒鬼，或会说刘伶、阮籍之徒。不过，刘伶所谓"唯酒是务，焉知其余"，其实是一种佯狂，醉翁之意不在酒，在于逃离政治、躲避迫害，是那个特殊时代的"行为艺术"。而历代诗人中，真正嗜酒如命、无酒不行、非酒不可、喝酒能惊掉人家下巴的，则非石延年莫属了，他是千百年来真正的酒鬼。

欧阳修《归田录》卷二说："石曼卿磊落奇才，知名当世，气貌雄伟，饮酒过人。"书中还记载了石延年的一桩"酒事"：石延年在京任职时，与进士出身、任过蓬莱知县的刘潜交好，二人均豪爽大气，酒量过人，既是性情之交，又是难得的"酒敌"（饮酒对手）。某日，石延年听说京城王氏新开了一家酒楼，如同猫闻到了鱼腥味儿，约上刚刚卸任回朝的刘潜，结伴而去，点菜沽酒，开怀畅饮起来。奇怪的是，石、刘二人饮啖自若，始终一言不发，就像两个陌生人。王老板见他们酒量惊人，平生所未见，惊诧之余，赶紧为他俩频频上酒，频频添菜，亲自侍奉前后，极尽殷勤。二人也没理会，兀自饮酒，直喝到夕阳西下，暮色渐浓，才买单结账，拱手道别。此时，二人竟毫无醉意，清醒如来时，让王老板瞠目结舌。第二天，京城迅速传言，有二仙人来王氏酒楼饮酒。

石延年不仅酒量大，喝酒的花样之多、之奇、之怪，堪称前无古人，后无来者。他与客聚饮，有时披头散发，双脚赤裸，戴着枷锁而饮，谓之"囚饮"；有时攀登至树梢，举酒端杯，谓之"巢饮"；有时以毛席裹着身子，间或把头伸出来啜饮一口，饮毕，又把头缩进去，谓之"鳖饮"；有时夜不燃烛，摸黑饮酒，谓之"鬼饮"；有时，饮完一杯，就爬到树上休息一会儿，然后下来又饮一杯，再爬上树休息，如此反复，谓之"鹤饮"……就他这些千奇百怪的饮酒之法，纵然是李白再生、刘伶再世，恐怕也会目瞪口呆而自叹不如吧。

石延年曾出任仁宗时期的秘阁校理，虽然是个低级文职，但也是皇帝身边的工作人员，应当注意形象，不能因酒失态，影响汉官威仪。然而，石延年乃是十足的"高阳酒徒"，喝起酒来就罔顾威仪，差点就自毁前程了。作为秘阁校理，石延年办公于秘书省，秘书省的西边，紧邻大庆殿，有一角门相通。一天，石延年因为酒实在喝得太多，又炎热难当，便穿过角门，到大庆殿阴凉的台阶边倒头就睡，呼噜声此起彼伏。恰巧仁宗有事经过大庆殿，侍从看见竟然有人在威严的大殿前醉卧，赶紧上前呵斥，准备兴师问罪的样子。仁宗一看，是石学士，示意侍从不要吵醒他，并从石延年身边悄悄绕行过去。幸亏仁宗宽容，倘若遇到朱元璋之类的暴君，管他石学士、沙学士，早就斩于台阶之下了。

石延年尽管好酒，但这并没有影响他才华和才能的出众，他博闻广见，胆识过人，是集才、能、识于一身的旷世奇才。《宋史·石延年传》对他有这样的记载："尝上言天下不识战三十余年，请为二边之备。不报。及元昊反，始思其言，召见，稍用其说。"北宋自真宗景德年间与辽国签订"澶渊之盟"后，边事渐安，边备松弛。不过，短暂的和平不代表长期的友好，辽国虽暂无挥鞭南下之意，但占据河套平原、日益强大的西夏，对宋朝却早已虎视眈眈。加上北宋王朝承平日久，奢靡享乐之风渐起，朝廷上下对随时可能燃起的战火浑然不觉，如同一头沉睡的笨熊。石延年清楚地看到了这一点，他以一介末吏之身，向皇帝上书，建议振兴国防、加强边备，提交了未雨绸缪之策，既有远见，又具胆识。不过，他的建议没有得到朝廷的重视和采纳。后来，西夏元昊果然称帝反叛，屡屡犯边，朝廷这才想起石延年当年的建议，虽然"稍用其说"，但加强军备的最佳时机已经一去不返。从仁宗康定年间开始，西夏对宋朝边境的侵扰，几乎未曾间断，打打停停一直延续到北宋末年，给国家和人民造成了深重的灾难。

石延年不仅有文才，而且有干才，平时工作中看似心不在焉，但他实际上对于所管理的事项，把握得条条精准，从无差池。康定年间，西夏入侵，在此多事之秋，用人之际，仁宗通过言边备一事，早已发现了石延年的军事才能，于是让时任大理寺丞、秘阁校理的石延年与天章阁待制吴遵路一起，出使河东，专门为西北前线征集兵士，训练士卒，供给粮草。当时，二人领命前行，吴遵路昼访夜思，所到之处，见守令，访军营，细阅图籍，察看道路交通和粮草储备情况，事事躬亲，点点牢记，夜以继日地工作。而并命奉使的石延年呢？却天天赋诗饮酒，心不在焉的样子，让吴遵路十分焦急。一天，吴遵路劝石延年道："朝廷不以在下为不才，得与兄台并命。如今虽然对兵马粮饷事事留意，但到底担心百密一疏，辜负朝廷重托。以先生之才，倘能略加注意，必定万事周全，不辱使命。"石延年不以为然，呵呵一笑说："国家大事，怎敢疏忽？沿途情况，已了然于胸。"接着，他把各州府郡县的情况，包括军队的勇怯、粮草的多寡、山川的险易、道路的通塞，悉数复述给吴遵路听，无一遗漏，听得吴遵路呆若木鸡，连连惊叹：奇才！奇才！是啊，有的人拼命干还不一定能干好的事，石延年却能轻松应对，事半功倍，边玩边干还干得比别人更好，确实是奇才！

石延年生于宋太宗淳化五年（994），逝于宋仁宗庆历元年（1041），终年四十八岁。石延年去世，朋友们痛心不已，苏舜钦作了一首长律《哭曼卿》，表达痛心与怀念之情。而他的另一好友欧阳修，不但当时写挽诗、撰墓表，即便是在石延年去世多年后，仍然对他念念不忘。宋英宗治平四年（1067），时任观文殿学士、刑部尚书的欧阳修，写了一篇感情真挚、文辞优美的《祭石曼卿文》怀念石延年，并安排尚书都省令史李敭等人，专程到石延年墓前祭奠。他在祭文中写道："呜呼曼卿！生而为英，死而为灵。其同乎万物生死而复归于无物者，暂聚之形；不与万物俱尽而卓然其不朽者，后世之名。此自古圣贤，莫不皆然，而著在简册者，昭如日星。"

欧阳修把石延年喻为人间的英杰，天堂的圣灵，高度赞扬了石延年卓然不朽的才华和傲然挺立的人格，表达了无限的思念和仰慕之情。

第十四章

文彦博跑官

历史上有"文彦博数豆"的故事，说少年文彦博为自己准备了两个罐子，做了错事就在罐中放黑豆，做了好事就在另一罐中放红豆，天天检查红豆和黑豆的数目，日积月累，红豆越来越多，黑豆几无增长。这说明，文彦博从小就注意自己的品行和修养，后来他辅佐北宋四朝皇帝，出将入相五十年，始终坦诚、谦让、宽厚、包容，获得上下一片赞扬之声，成为一代名相。不过，这位名相清白一世，却曾经被人以走"夫人路线"跑官买官为由弹劾，如同白璧之瑕，留下了人生"污点"。

文彦博（1006—1097），字宽夫，汾州介休县（治今山西介休）人，进士出身，历任知县、通判、监察御史、枢密直学士、枢密副使、参知政事、枢密使。庆历八年（1048），四十三岁的文彦博被宋仁宗重用为同中书门下平章事、集贤院大学士，出任宰相。而御史状告文彦博，就是因为这个宰相的任命。

据梅尧臣《碧云騢》记载，仁宗贵妃张氏的父亲张尧封，曾是文彦博之父文洎的门客。为了巩固自己的地位，张贵妃"欲以士大夫为助"，遂以通家之好主动结交文彦博，希望在后宫争宠中获得更多的外力支持。贵妃"欲以文彦博为助"，当然得为文彦博的升迁操心，文彦博的地位越来越高，对自己的帮助才可能越来越大。于是，张贵妃采取"诱进"之计，主动创造让文彦博获得仁宗重视、嘉勉、提拔的机会。庆历三年（1043），文彦博以枢密直学士知益州，主政巴蜀。有一次临近上元节，张贵妃示意文彦博进献灯笼锦。蜀锦天下闻名，尤以成都灯笼锦为最。灯笼锦纹样用灯笼为主体，配饰流苏和蜜蜂，喻意"五谷丰登"，质地高贵，制作精美，乃蜀锦中的极品。张贵妃一声招呼，文彦博马上安排专人负责，选购上好的灯笼锦，赶在节前送达京师。

上元节那天，张贵妃特意穿着灯笼锦制的衣服去见仁宗，仁宗惊呼道："何处有此锦？"张贵妃回答说："这是成都文彦博让人织来的蜀锦，献给陛下您的。"仁宗听后很是高兴，从此开始留意文彦博。嗣后，仁宗将文彦博调回，出任枢密副使，随后又重用为参知政事。

庆历七年（1047）冬，贝州（治今河北清河）王则起义，很快攻占了贝州，周遭震恐，惊动朝廷，仁宗派枢密直学士、左谏议大夫明镐率军弹压，两三个月过去了，毫无进展。因贝州离京城并不太远，仁宗深为忧虑。一日，他在后宫自言自语道："执政大臣，无一人为国家了事者。日日上殿，无有取贼意。何益？"此话恰被张贵妃听见，说者无心，听者有意，她立刻命人转告文彦博，明天上朝如此这般。第二天，文彦博果然主动请缨，仁宗大喜。庆历八年（1048）正月，仁宗命文彦博以参知政事兼任河北宣抚使，挂帅出征，去贝州平叛。二人平定了起义后，捷书刚至，仁宗马上任命文彦博同中书门下平章事、集贤殿大学士，拜为宰相。故梅尧臣在《碧云騢》此条中开篇即言："文彦博相，因张贵妃也。"

文彦博拜相，当时除了朝臣同贺，并无杂音。然而三年后，监察御史唐介连连上章弹劾文彦博，说他走"夫人路线"，用灯笼锦贿赂张贵妃，当上参知政事，又因平定贝州抢了前帅明镐的功劳，得以当上宰相。这次弹劾在朝廷上下闹得沸沸扬扬，纵有张贵妃从中弥缝亦无用，结果以文彦博贬许州（治今河南许昌），唐介贬春州（治今广东阳春），各打五十大板收场。翌年上元，有人作一诗，中有"无人更进灯笼锦，红粉宫中忆佞臣"之句，把文彦博走"夫人路线"跑官一事大大揶揄了一番。

以上就是《碧云騢》中记载的情况。那么，文彦博拜相，决定因素是否真是张贵妃呢？参照《宋史·文彦博传》，中间还是颇有些出入的。一是献蜀锦是不是能得一个参知政事？二是统军破贼到底是谁的功劳？

关于第一个问题，可以作一个假设，如果献蜀锦能谋得到参知政事，那献山珍的呢？献海味的呢？恐怕一天安排一个参知政事都安排不过来。文彦博进士出身，在地方工作多年，干过行政，任过军职，颇有政绩。当年，他以直史馆任河东路转运副使，河东路下辖的麟州（治今陕西神木）与西夏相邻，运饷道路迂回曲折，他带人修复废弃的故道，又在麟州囤聚了足够的粮草，后来西夏元昊率军进攻，看到守军粮草充足，准备充分，只好无功而返。文彦博又针对当时冗兵、冗费过多，朝廷不堪负重，提出"淘汰冗兵、减省冗费"等一系列建议，被仁宗采纳，为朝廷解决了一大难题。所以，提拔他任参知政事，应该是实干所得，众望所归。

关于第二个问题，《宋史·文彦博传》说得明白："贝州王则反，明镐讨之，久不克。彦博请行，命为宣抚使，旬日贼溃，槛则送京师。"具体情况是，文彦博至贝州后，经过反复观察和分析，决定以"声东击西"之法，一面让官军猛攻北城，麻痹敌军，另一方面派人在南城挖地道，直通城里。十来天，地道挖通，官军如从天降，一举拿下了贝州，活捉王则，押送京师，起义平息。说文彦博抢了明镐的功劳，显然是不实之词，这也是仁宗贬文彦博于离京较近的许州，却将唐介远贬至岭南春州那不毛之地的原因。

然而，在遭到弹劾的前前后后，我们始终没有看到文彦博的任何辩解之声，无论《宋史·文彦博传》也好，野史笔记也好。不仅如此，后来还发生了一件让同僚对文彦博更加刮目相看的事情。至和二年（1055），仁宗思贤心切，复起文彦博为同中书门下平章事、昭文馆大学士，重新任命他为宰相。然而面对复起，文彦博没有欣欣然，而是上书仁宗提出自己的条件说："唐某所言正中臣罪，召臣未召唐某，臣不敢行。"（宋代邵伯温《闻见录》卷十）把唐介的前程看得和自己的一样重要，如果皇帝不复起唐介，自己则不就任，几乎是"逼迫"仁宗复起唐介。仁宗知道方彦博"举贤不避仇"，是为了国家利益着想，是公忠体国的表现，因此乐于成全，遂先任唐介为潭州（治今湖南长沙）通判，未几，复为监察御史。宋神宗熙宁元年（1068），唐介被重用为参知政事，与文彦博一同位列宰执，而且二人"相知为深"，关系非常融洽。

从遭弹劾、被贬至复起的过程来看，文彦博堪称谦谦君子。人不怕有污点，瑕不掩瑜，怕只怕有污点时矢口否认，伺机报复。文彦博面对弹劾，不但没争辩，反而坦言对方弹劾的事情有部分属实，皇帝复起自己为相，又极力举荐"政敌"，甚至用前途作"赌注"，其为人上的宽容大度，其品性上的谦虚坦诚，令人叹服。这就是文彦博一生能辅佐四位皇帝，出将入相五十年并赢得崇高声誉的根源所在。《宋史·文彦博传》说："文彦博立朝端重，顾盼有威，远人来朝，仰望风采，其德望固足以折冲御侮于千里之表矣。至于公忠直亮，临事果断，皆有大臣之风。"给予了很高的评价。

第十五章

凡有井水处即能歌柳词

"东南形胜，三吴都会，钱塘自古繁华。烟柳画桥，风帘翠幕，参差十万人家。云树绕堤沙，怒涛卷霜雪，天堑无涯。市列珠玑，户盈罗绮，竞豪奢。重湖叠巘清嘉，有三秋桂子，十里荷花。羌管弄晴，菱歌泛夜，嬉嬉钓叟莲娃。千骑拥高牙，乘醉听箫鼓，吟赏烟霞。异日图将好景，归去凤池夸。"

柳永一阕《望海潮》，把北宋杭州的繁华富庶和自然美景描绘得淋漓尽致，堪称词作中的《清明上河图》。此词一出，迅即传播四方，不仅大宋臣民唱，还传到了北方的金国。据说，金主完颜亮读罢《望海潮》，被江南美景弄得茶不思、饭不想、夜不寐，遂起挥师南下、投鞭渡江之志，后来果然大举攻宋。一首小词，引发一场南北大战，这恐怕是柳永作词之初无论如何也想不到的。这就是柳永，一个词作一出就"洛阳纸贵"的千古词家。

柳永才气卓绝，独步北宋文坛。但遗憾的是，一部《宋史》，洋洋千万字，传叙千百人，唯独没有这位天才文豪的一席之地。宋代笔记里，也仅只言片语的零星记载，真是"千秋万岁名，寂寞身后事"，如同《金瓶梅》跻身四大奇书之首，却不知道兰陵笑笑生何许人也，《红楼梦》作为中国小说的巅峰之作，却无法窥探曹雪芹现实生活中的蛛丝马迹一样，世事注定要残缺到让人纠结？张爱玲有三恨：一恨海棠无香，二恨鲥鱼多刺，三恨红楼梦未完。而柳永的"骨灰级粉丝"们，恐怕会要续上一恨：柳永无传。因此，一代又一代的考据家，不得不把头深深埋进浩如烟海的资料中，旁求博考，追本溯源。然而，他们大都费力不讨好，柳词的背后，永远是一袭远去的青衫和一张模糊莫辨的面孔。

柳永（约984—约1053），原名柳三变，后改名柳永，字耆卿，因排行第七，又称柳七，崇安县（治今福建武夷山）人。柳永出身官宦世家，父亲柳宜曾仕南唐，官至监察御史，降宋后任过费县（治今山东费县）令，官至国子博士。父亲在南唐任职多年，南唐兴词，后主李煜便是一位填词大家。柳永是否通过父亲听到过后主的故事，不得而知，但他一定读过"剪不断，理还乱，是离愁，别是一般滋味在心头"；一定也读过"问君能有几多愁？恰似一江春水向东流"。家学的熏陶，贰臣的感受，在父亲的官舍里，少年柳永的心灵或许接受过这样的精神投影。同时，柳永十三岁时父亲就去世了，这给柳永的成长留下了缺陷，也让他养成了沉默好思的习惯。年少丧父的孩子是不是特别容易形成文人异禀？范仲淹两岁丧父，欧阳修四岁丧父，姜夔十四岁丧父……他们都成了文坛巨匠。

大致来说，柳永出生于宋太宗朝，成长于宋真宗朝，成名于宋仁宗朝。有宋一代，奉行崇文抑武政策，文人士大夫的地位被提高到从未有过的高度，往往一首小诗、一篇小文，就能名扬天下。然而，单有才气、名气，是不可能轻易进入官僚阶层的，即使靠运气或者祖上的荫德受了官爵，也会因为功名来得太轻巧而被人耻笑和鄙薄。所以，文人要堂堂正正步入上流社会，成为峨冠博带中的一员，必经科举考试，这在当时乃是"自古华山一条路"，别无他途。有些恃才傲物的文人哪怕已经受恩荫封了官，也仍然坚持参加科考，不屑于坐享其成。文人一旦金榜题名，则从此锦衣玉食，一世无忧，而且腰板挺得笔直，踌躇满志。真宗《劝学诗》中就有"书中自有颜如玉，书中自有黄金屋"的名句，引得莘莘学子爬梳剔抉，皓首穷经，十年只为磨一剑。

青年时期的柳永亦不例外，读书破万卷，满腹学问，还填得一手好词。当然，学习的同时，他还经常出入勾栏瓦肆，与风尘女子结下深厚友谊，他填词，她们演唱，到处流传。柳永二十出头，信心十足，准备进军科场。但天下学子千万，能够上得了华山的毕竟凤毛麟角，诗写得好，还要人家识货，词填得好，还要人家欣赏，哪怕拥趸再多，天下女子齐唱柳词，上头说不行，努力也枉然。

那些掌管着士子前途和命运的人，说柳永"好为淫冶讴歌之曲"，深恶他的浮艳虚薄，俚俗不堪，有人甚至称其词有"野狐涎之毒"。他去拜访宰相晏殊，其实晏殊年龄比他还小几岁，不过人家成名早、官职大，既是皇帝面前的红人，又是当朝文坛大佬，新秀经他品题，立马朝野闻名，身价百倍。柳永也是抱着这个目的去的，想得几句好评，想听几句佳话，科举之路肯定好走许多。晏殊问他："贤俊作曲子么？"回答说："也像您一样爱好。"晏殊说："我虽作曲子，不会道什么'绿线慵拈伴伊坐'。"柳永一听，转身退出——还有什么可说的？于是，几场考试下来，名落孙山。等几年，再考，依然榜上无名。愤懑之际，一曲《鹤冲天》喷涌而出："黄金榜上，偶失龙头望。明代暂遗贤，如何向。未遂风云便，争不恣狂荡。何须论得丧。才子词人，自是白衣卿相。烟花巷陌，依约丹青屏障。幸有意中人，堪寻访。且恁偎红翠，风流事，平生畅。青春都一饷。忍把浮名，换了浅斟低唱。"

这首词流行之快、流布之广，出人意料，甚至传到了宫里，摆上了仁宗的案头。柳永终于出了一口恶气，心里舒坦多了。然而，这首词给他带来了声名，也带来了厄运。后来一次科考，他过五关斩六将，遥遥领先，殿试发榜之际，仁宗拿起试卷，一看是柳永，随手御笔批下："且去浅斟低唱，何要浮名？"一锤定音，掷地有声，甚于法官的判词。

柳永成了天涯浪子，从此自称"奉旨填词柳三变"。

科场摸爬滚打，几试牛刀，他仍然是站在华山下仰望的落魄秀才，转眼，就过了不惑之年。这些年，唯一得到的心灵慰藉，就是那些被他那妙词感动得脸颊绯红、几落珠泪的勾栏姐妹和市井文人。"凡有井水饮处，即能歌柳词"，他的作品，比皇帝的谕旨传得还快。然而，科场纵有千种弊端，但它就如今天的高考，毕竟是最为公平的竞争方式之一，有才，你就考，凭真本事。因此，柳永一方面颇为失落，穿行于闾巷瓦肆之间，另一方面始终没有忘记科场，奔波于漫长的科考征途，他要向官方寻一纸才华的"证明书"。

仁宗还算是一个爱才、惜才而又比较宽容的君主，纵观他四十二年的从政经历，很少有明确表示厌恶的文人，多是赞叹有加，欣赏不已，柳永是个特例。不过，尽管他当初的确表示过不喜欢柳词，但最后还是为柳永开启了一扇入仕之门，仁宗景祐元年（1034）甲戌科，年近五十的柳永，终于梦想成真，高中进士。

既能处江湖之远，又能居庙堂之高，柳永最终向世人证明了自己！

入仕后，柳永曾出任睦州（治今浙江建德）团练推官、定海（治今浙江宁波）盐监、屯田员外郎之类的小官，所过之地，不乏良好政声。但良好的政声，似乎对他的前途起不到丝毫作用。仕途经年，久不升迁，柳永一直在散官闲职上徘徊，这是否与当初仁宗对他的评价有关？皇帝给了定评的人，即使特别欣赏柳永才华的，也不敢去推荐，谁会愚蠢到给自己贴上一张不讲政治的标签？宋代张舜民《画墁录》说："柳三变既以词忤仁庙，吏部不放改官。"是为明证。

文人喜欢扎堆，宋代文人尤甚。但在当时文坛，柳永似乎没几个真正的良朋好友。那帮文人都是唯晏殊、范仲淹、欧阳修、司马光们马首是瞻，对柳永这个皇帝和宰相均不看好的"通俗歌手"，往往顾左右而言他。甚至一些人对他还非常不屑，晏殊自不待言，张先讥讽他的早行词"语意颠倒"，苏轼因门生秦观的词沾染柳词风气而大发脾气，王安石诗作《和御制赏花钓鱼二首》中有"披香殿上留朱辇，太液池边送玉杯"之句，被指剽窃柳词《醉蓬莱·渐亭皋叶下》"太液波翻，披香帘卷"而受尽文人们的嘲弄，这样的例子简直不胜枚举。虽然宋代文人最喜诗酒唱酬，最好相互提携，但柳永又是一个特例，他只能远远地观望，那个圈子不属于他。

文人圈子不属于他，官场圈子则更不属于他。官场游走，宦海沉浮，柳永始终没法融入体制内。他多次在词中表达对官场的厌倦之情，如《长相思·画鼓喧街》："又岂知、名宦拘检，年来减尽风情。"又如《定风波·伫立长堤》："奈泛泛旅迹，厌厌病绪，迩来谙尽，宦游滋味。"他顶多只能算一个在官场外围溜了一圈的"门外汉"，他不是主人，只是过客，便纵有千种风情，更与何人说！

然而，柳永有他自己的圈子。寻常巷陌，市井人家，都喜欢他，甚至僧道之流亦不例外。邢州（治今河北邢台）开元寺法明和尚，平生有三好：好酒、好赌、好柳词。人家请他做法事，一律拒绝，召饮，则欣然而往，一饮辄醉，醉了就唱柳词，如此十数年，附近里巷小儿都叫他"疯和尚"。一天，他忽然对寺内众僧说："我明日当圆寂，你等不必送行。"众僧以为笑谈。谁知，第二天早起，法明果真沐浴更衣，安然就坐，对大家说."我去了，当留一曲。"众僧惊愕，只听得法明唱道："平生醉里颠蹶，醉里却有分别。今宵酒醒何处，杨柳岸晓风残月。"唱完，溘然而逝。

柳永骨子里是平民诗人，市井词家，那里才有他驰骋的江湖，才是他缱绻流连的梦乡。醉卧花丛，寄情风月，青楼处处为他敞开怀抱。官场数十载，史传无片言，游历数十年，词章冠天下，杭州、苏州、扬州、长安……柳永一到，市井欢腾，到哪儿都有家的感觉。

文坛无友，官场无友，青楼知音无数。陈师师、赵香香、谢玉英……一个个冰雪聪明，色艺双绝，独把柳永当知交："不愿穿绫罗，愿依柳七哥；不愿君王召，愿得柳七叫；不愿千黄金，愿得柳七心；不愿神仙见，愿识柳七面。"为何她们全都如此倾心于柳永这样一个庶僚小官、不得所谓正统承认的词人呢？因为在柳永的心底，她们是亲人姐妹，她们是知心爱人，不但词曲相伴，而且精神相依。俯视的怜悯永远不如平视的欣赏让人怦然心动，所以她们以心相许。

世人多以"放荡不羁，穷困潦倒"给柳永画像，这不过是针对他仕途不畅和死无恒产来定义的，恐有失当。对于官场来说，柳永确有升迁之望，然而梁园虽好，不是久恋之家，他的秉性和气度与官场极不相融，渐行渐远再也正常不过了。而死无恒产，也是性格使然，天天流连于歌舞楼台，大手挥金，大把烧钱，金子、银子、镯子、链子，一掷千金，只为红颜一笑，留下恒产何用？柳永的精神来源于市井，又提升了市井。他的身上自有一股烟火气、人情味，但又绝不颓靡低俗，而是慷慨激昂，给人潇洒出尘、玉树临风之感，"白衣卿相"由此而来。说放荡，实是放而不荡；说潦倒，实是潦而不倒。他身上没有士大夫那股沾沾自喜的轻浮气，相反，他有精神非常明亮的一面，光彩照人。

第十六章

范仲淹：君子不独乐

在北宋政坛，范仲淹无疑是一个传奇人物，他以参知政事（副宰相）身份主持了"庆历新政"改革，在西北前线组织和领导过抵抗西夏的战争，执掌过南京应天书院，写下过"圣贤学问发而为才子文章"的千古名篇《岳阳楼记》，是名副其实的政治家、改革家、军事家、教育家和文学家。范仲淹的传奇经历和卓越贡献，让他生前后世好评如潮。朱熹评价他："天地间气，第一流人物。"元好问评价他："在布衣为名士，在州县为能吏，在边境为名将，其才其量其忠，一身而备数器。在朝廷，则孔子之所谓大臣者，求之千百年间，概不一二见，非但为一代宗臣而已。"作为经历传奇、满身光环的"一代宗臣"，范仲淹在交朋结友方面又有什么佳话呢？

范仲淹确实喜欢交友，一直把与名士交游、与隐士唱和、与知己论道引为平生快事。宋真宗大中祥符元年（1008），二十岁的范仲淹游历关中，结识了祖籍澶渊（治今河南濮阳）、寓居长安（治今陕西西安）的名士王镐。王镐善琴，平日里袭白衣，跨白驴，潇洒来去，纵饮浩歌，有嵇康、阮籍之风。通过王镐又结识了精于篆刻的道士周德宝、精于易学的道士屈元应。大家各有所长，醉酒赋诗，你唱我和，快然自足。范仲淹在《鄠郊友人王君墓表》中记载与三友的过从说："相与啸傲于鄠杜（鄠杜即鄠县与杜陵，鄠县治今陕西西安的鄠邑区，杜陵为汉宣帝陵墓）之间，开樽鸣弦，或醉或歌，未尝有荣利之语。"范仲淹深深怀念这段没有荣利搅扰的交游，特别对于风流倜傥的王镐，更是至老都念念不忘。

在众多的"少微星"中，范仲淹敬仰汉代严光（字子陵），慕从当朝林逋。严光德高学富，闻名于两汉之际。光武帝刘秀称帝前曾与他一起游学，交情甚厚，十分欣赏他的安邦才略，称帝后多次降尊纡贵上门，请求严光帮他治理国家。开始，严子陵还有建功立业之心，但当他看到朝廷上演绎着阿谀奉承、争权夺利的闹剧，便毅然拒绝了谏议大夫的任命，隐居于富春山下，垂钓于富春江边，过着悠闲自在的生活。范仲淹崇敬严光的高风亮节，宋仁宗明道二年（1033），仁宗因"宫斗"欲废除皇后郭氏，时任右司谏的范仲淹率谏官、御史伏阁谏争，极言"皇后不当废"，还打算展开廷争，结果惹恼仁宗，将他贬知睦州（治今浙江建德）。范仲淹到任后，没有因逐臣境遇而怨艾神伤。工作之余，他在风景如画的富春江畔凭吊了严子陵钓台，主持修建了严子陵祠堂，作《桐庐郡严先生祠堂记》，对严光"使贪夫廉，懦夫立，是有大功于名教"的感召力推崇不已，并由衷感佩道："云山苍苍，江水泱泱，先生之风，山高水长！"他流连于严光的钓台，盘桓在方干的隐庐，群峰迭起，江流宛转，登山临水，使他竟日忘归。他在给老师晏殊的信中感慨说："春之昼，秋之夕，既清且幽，大得隐者之乐，惟恐逢恩，一日移去。"人家被贬谪总是希望复起，赶快离开放逐之地，而范仲淹倒恋恋不舍，乐不思蜀，这体现了他精神追求的一面。交友亦复如此，范仲淹与西湖隐士林逋的交往动机（《林逋：孤山的客人为何那么多》一文已详述），与他对严光高风亮节的倾慕一脉相承。范仲淹崇尚的是孔子所谓"高山仰止，景行行止"，追求的是高德和光明。

要说范仲淹交往时间最长，能够堪称一生知己的人，则非滕宗谅莫属了。范仲淹《书海陵滕从事文会堂》一诗曰："东南沧海郡，幕府清风堂。诗书对周孔，琴瑟亲羲黄。君子不独乐，我朋来远方。言兰一相接，岂特十步香？德星一相聚，直有千载光。道味清可挹，文思高若翔。笙磬得同声，精色皆激扬。栽培尽桃李，栖止皆鸾皇。琢玉作镇圭，铸金为干将。猗哉滕子京，此意久而芳。"

这首古诗中的滕子京，就是伴随着范仲淹《岳阳楼记》而声名鹊起的滕宗谅。滕宗谅，字子京，河南府（治今河南洛阳）人。就人生经历而言，范仲淹与滕宗谅至少有三同：同科、同事、同遭贬谪。大中祥符八年（1015），范仲淹与滕宗谅同登蔡齐榜进士，同科。仁宗天圣年间，范仲淹曾任泰州（治今江苏泰州）西溪盐仓监，滕宗谅时为泰州军事判官，同事。《书海陵滕从事文会堂》一诗就是范仲淹在泰州与滕宗谅同事时所写。其间，滕宗谅还曾在范仲淹主持修筑泰州捍海堰时，大力协助，襄赞其事。仁宗康定元年（1040），范仲淹以龙图阁直学士任陕西经略安抚招讨副使、兼知延州（治今陕西延安），成为一名儒将。滕宗谅亦于同年以刑部员外郎、直集贤院知泾州（治今甘肃泾川），为范仲淹部下，再度同事。工作上的交集，加深了二位同窗的友谊，也增进了相互的了解，范仲淹对滕宗谅的品性、能力和政绩了然于胸，因此凡有机会，便向朝廷推荐，使滕宗谅一次次得到朝廷的提拔重用。

让后人真正记住他们深厚友谊的，则是范仲淹创作《岳阳楼记》的前前后后。庆历三年（1043），西夏元昊主动议和，西北边事稍宁。随后，迫于"积贫积弱"困局的仁宗召范仲淹回京出任参知政事，主持以增加财政收入、提高军备力量、改变北宋建国以来积贫积弱局面为主旨的政治改革，史称"庆历新政"。但改革触动了既得利益者的既有利益：比如改革第一条"明黜陟"，是为了调动官员积极性，改以前文官三年、武官五年一次的凭资历升官为凭业绩升官，影响了很多"懒官"的前程；又如改革第二条"抑侥幸"，是为了节约财政支出，改之前大范围、多节庆的恩荫封赏为小范围、低频率封赏，影响了很多权贵家族的封赏。如此等等，范仲淹十条改革措施，条条触及了他人的利益。因此改革越深入，反对的声音越强烈，反对的队伍越庞大，于是遭到围剿。其中，反对阵营射来最厉害的一支"明箭"，就是右正言钱明逸上书仁宗弹劾范仲淹的罪状："更张纲纪，纷扰国经，凡所推荐，多挟朋党。"皇帝往往不怕官员贪腐，但最怕官员结党，因为凡有谋逆，无不从朋党开始。这支"明箭"，直接射掉了"庆历新政"，也射掉了范仲淹在仁宗心目中的忠臣地位，于是改革功败垂成。庆历五年（1045）年春，五十七岁的范仲淹被排挤出朝，先贬邠州（治今陕西彬州），十一月转徙邓州（治今河南邓州）。

然而就在上年，同是春季，滕宗谅被贬岳州（治今湖南岳阳）。原因是监察御史梁坚、御史中丞王拱辰先后弹劾滕宗谅在泾州任上滥用公使钱（宋代官府用于宴请和馈送过往官员的费用），说"有数万贯不明，必是侵欺入己"。虽然仁宗派出专人调查后证明"所用钱数分明，并无侵欺入己"，未予严惩，但仍然先贬虢州（治今河南灵宝），再贬岳州。

好在"谪守巴陵郡"岳州的滕宗谅并未沉沦，而是发奋图强，励精图治，经过两年多的精心治理，岳州"政通人和，百废俱兴"，于是"重修岳阳楼"。相传，岳阳楼原为三国东吴大将鲁肃操练水军的阅兵台，唐代张说官岳州时，在阅兵台旧址建了一座楼阁，取名岳阳楼。宋代以前，虽然大诗人李白、杜甫等曾在这里留下过诗篇，但因缺少扛鼎之作，岳阳楼名轻声微。庆历六年（1046）秋，焕然一新的岳阳楼落成，为助踵事增华，锦上添花，滕宗谅想到了自己的好友范仲淹，希望这位在士大夫间声誉极高的同学为刚刚重修落成的岳阳楼写一篇记。于是写了一封求援信，随札附上一幅《洞庭晚秋图》，命人快马加鞭送至邓州。

范仲淹青年时期就树立了远大的理想——"不为良相，则为良医"。这两种人生设想，一为救世，一为救民，都是以忧国忧民为出发点的。"庆历新政"失败后，范仲淹成了折翼的大雁，无法为国尽匡扶之志，无法为民献康济之心，落落寡欢，心情灰暗到了极点。在邓州漫长的日日夜夜，范仲淹认真思索了自己的仕宦生涯，细细梳理了改革的艰难险阻，有失望，有怀疑，有矛盾，有悲愤，各种情绪就像波涛撞击着海岸一样冲击着他的心，此起彼伏，汹涌澎湃。尤其仁宗对他的放逐，志士蒙冤，忠臣见弃，如同白圭之玷，对人格是一种难以忍受的耻辱。他迫切需要一种排遣和宣泄，甚至一种精神上的化蛹为蝶。

九月十五晚，范仲淹读过滕宗谅的来信，端详完《洞庭晚秋图》，徘徊在自己新建的花洲书院的庭院里，望月光如水，思前因后果，突然灵光一现，仿佛醍醐灌顶。他感到一种前所未有的清醒和澄明，所有的焦虑、折磨、痛苦都置之脑后，他似乎找到了一片与此时心境完全契合的风景，他惊异于无形中获得了一个释放长久屈辱心情而又不会授人以柄的契机。最重要的是，他终于拥有了一座任由他挥洒的楼、任由他遨游的湖，这个楼和湖与《洞庭晚秋图》毫无关系，这是他心中的楼、心中的湖，是他一生的楼、一生的湖，也是他能够彻底宣泄、证明自我、表达理想、棒喝宵小的楼和湖。

于是，因为改革的道路布满荆棘和坎坷，便有《岳阳楼记》中的"阴风怒号，浊浪排空""薄暮冥冥，虎啸猿啼"。因为志士蒙冤，忠臣见弃，便有了"忧谗畏讥，满目萧然，感极而悲"。邦国兴衰、黎民冷暖如影相随，使范仲淹心灵深处的忧虑就像海底的暗流，时时涌动。但是，作为久习儒学、熟谙《易》理、历经过人生大恨大痛的范仲淹，他的"学"与"行"，"器"与"识"，"志"与"气"是真正骨肉相连、血脉相通的，无论道路上的风雨多么急骤，他总能做到坚如磐石，总能做到"不以物喜，不以己悲"，总能做到"心旷神怡，宠辱皆忘"，并且"居庙堂之高，则忧其民；处江湖之远，则忧其君"。而那"先天下之忧而忧，后天下之乐而乐"的轰鸣之声，更是范仲淹心中那八百里洞庭激荡出来的超越时代的强音。范仲淹通过《岳阳楼记》一文证明了自己的忠贞，洗刷了自己的耻辱。

深厚的友谊加上爱国的忠贞，成就了《岳阳楼记》。可以说，《岳阳楼记》既是范仲淹心忧天下的外在表达，同时也是与滕宗谅君子之交的意外收获，他在《书海陵滕从事文会堂》诗中所谓"君子不独乐"，在这里得到了一个最好的回应。

第十七章

宋朝文人的"敲门砖"

每当媒体报道一宗贪腐案，常常伴随着卖官的情节。这说明，有些人是以钞票作为晋升"敲门砖"的。而在宋朝，许多想谋一官半职的文人，一般不直接送钱，往往通过献诗来表达政见，展露才学，博得上司的青睐。

宋真宗时期的夏竦，因为父亲死于战场，被朝廷以抚恤之名，安排出任"三班差使"，成为一个小武官。这是夏竦参加工作的第一站，给派了个武官差事，让他十分不爽，一来他喜欢舞文弄墨，不喜欢使枪弄棒；二来隔行如隔山，跨马横刀、行军布阵非他所长，难以施展才华。于是，夏竦干着武官的差，却想着文人的事，思量着如何改变自己的命运。绞尽脑汁之后，他决定毛遂自荐。某日，他守候在宰相李沆下朝必经之地，等到李沆路过时，他拿出自己的得意之作，献于马前。李沆是爱才之人，收了夏竦的诗作，回家仔细阅读，当他读到"山势蜂腰断，溪流燕尾分"一句时，不禁拍案叫绝。第二天，李沆便把夏竦的诗作藏于袖内，议完事后随即呈给了真宗，高度赞扬夏竦的才华，希望皇帝量才录用，给他换个文职。真宗听从了宰相的建议，安排夏竦出任丹阳县（治今江苏丹阳）主簿。做文臣，是夏竦梦寐以求的，这里才有他驰骋的疆场和奋斗的目标。在后来的二十多年间，夏竦凭借自己的才华和能力，工作干得风生水起，仕途也步步高升，先后任过光禄寺丞、国史编修官、知制诰。宋仁宗即位后，又历任翰林学士、龙图阁学士、参知政事，官至宰相，位居人臣之极。

仁宗皇祐元年（1049），年过六十的范仲淹调任杭州知州。范仲淹之前领导过"庆历新政"，在西北率军抵抗过西夏的入侵，因出将入相及良好的口碑跻身北宋名臣之列，很多读书人都希望得到他的推荐，范仲淹也的确知人善任，把选贤举能当成自己的重要职责。知杭州期间，被他推荐到朝廷得到重用的部下比比皆是，不过，唯独对巡检苏麟，不知是忘却了，还是其他什么原因，未予推荐。苏麟干了多年的巡检，老得不到提拔，内心不免焦急，旦夕琢磨着用个什么好法子引起范知州的注意。苏麟当然不会送钱送礼和跑官买官，因为那会被一身正气的范仲淹耻笑，甚至被同僚弹劾。于是，苏麟献了一首诗给范知州，委婉地表达了自己的意愿，其中有"近水楼台先得月，向阳花木易为春"一联，堪称千古名句。范仲淹读后刮目相看，果然向朝廷郑重推荐了苏麟，苏麟从此仕途通达。

而著名词人周邦彦，他的"敲门砖"更是直接抛向了位居九五至尊的皇帝。宋神宗元丰年间，年轻的周邦彦学业优异，被安排到太学深造，成为一名太学生。为了得到皇帝的赏识，周邦彦写了一篇《汴都赋》献给神宗。《汴都赋》洋洋洒洒数千言，描写了京城开封的繁华富庶，讴歌了时代的美好，支持了新法的推行，写得热情奔放，大气磅礴，连后代的王国维都赞叹其文"壮采飞腾，奇文绮错"。神宗阅后大为感动，惊异于这位年轻太学生的渊博知识和卓越才华，当即让尚书右丞李清臣在政事堂高声朗诵《汴都赋》，后又亲自召见周邦彦，并授予他太学正的官职。太学是神宗改制后的最高学府，其官员包括太学博士、学正、学录等，周邦彦由太学生到太学正，如同一个北京大学的学生出任北京大学的中层领导，在体制中，前者无品秩，后者有品秩，而且不低，无异于连升数级。

在宋朝，通过诗歌改变命运者，实在不少，甚至连孩童都是如此，比如王禹偁，当然，是毕士安发现了王禹偁。王禹偁，济州（治今山东巨野）人，从小聪明异常，后来出任宰相、当时在济州任从事的毕士安听说他特别聪明，赶紧召来，当场让他作一首命题诗《磨》。王禹偁得题，张口就来："但存心里正，无愁眼下迟。若人轻着力，便是转身时。"毕士安一听意境俱佳，大感惊奇，征得王禹偁父母同意后，把王禹偁留在了自己身边，悉心教养。一次，济州太守与同僚聚饮，随口吟出一个联句："鹦鹉能言争似凤"，请同僚们对下句，大家张口结舌，无人能对。毕士安回家后，把它书写在屏风上，对着它冥思苦想。王禹偁无意间看到屏风上的联句，挥笔就写出下联："蜘蛛虽巧不如蚕"。毕士安看后拍案叫绝，感叹道："真乃经纶之才！"从此亲热地呼他为"小友"。在毕士安的关心和培养下，王禹偁学业大进，举进士后，又为宋太宗所赏识，被重用为知制诰，成了为皇帝起草诏书的大笔杆子。

同时，献诗也是宋代众多文人士大夫间交往的一种基本方式，即便是借钱讨吃之类难以启齿的事儿，他们也做得文质彬彬，诗情画意。据宋代《王直方诗话》记载，秦观任秘书省校勘之职时，由于工资低、待遇差，常常上顿不接下顿。有一次，实在揭不开锅了，想向家境宽裕的户部尚书钱勰借米，便写了一首诗送去，诗曰："三年京国鬓如丝，又见新花发故枝。日典春衣非为酒，家贫食粥已多时。"钱尚书读完诗，马上给秦观送来了两石大米，解了他的燃眉之急。还有个儒生张球，书虽读得好，但不善经营，时有断炊，最后不忍闻孩子饥饿的啼哭声，怀着试试看的心情，向宰相吕夷简献了一首诗："近日厨间乏所供，孩儿啼哭饭箩空。每因低语告儿道，爷有新诗上相公。"吕夷简当即"以俸百缗遗之"。宋币，一缗是一千文，百缗则是十万文，宰相的馈赠的确不菲。

　　而最为搞笑的是，宋人甚至通过献诗，策划谋反。据宋代朱弁《曲洧旧闻》记载，仁宗时代，一举子因屡试不第，愁烦焦躁之际，给成都知府献了一首诗，中有："把断剑门烧栈道，西川别是一乾坤。"竟然鼓动成都知州割据一方，与宋朝分庭抗礼，吓得成都知府赶快把举子捆绑至京，上章请求仁宗治罪。仁宗了解后，却哈哈一笑说："此老秀才急于进仕而为之，不足治也。可授司户参军，处偏远小郡。"写反诗的不但没受到惩罚，反而在皇帝那谋得了官职，可见仁宗的仁慈与宽容，宋人笔记中所谓"仁宗圣性仁恕，尤恶深文（深文周纳意）"，倒也不是妄语。

第十八章

宋朝"马屁学"

当今，电视节目关于职场的讲座，报刊杂志关于做人的文章，朋友聚会关于人生的讨论，常常津津乐道于某些通过技巧博得上司垂青而飞黄腾达的案例，这些所谓的"技巧"，大多是被国人捧为处世金箴、视为成功妙药的"马屁学"。曾经看到一部奇书，编辑推荐词说："本书在深度挖掘李宗吾之厚黑学精髓的基础上，总结出极其有效、极其实用的厚黑之道。一旦你掌握了书中的原则，并积极实践，就一定能够启迪智慧，增长才干，开拓思路，更新观念，打破常规，化腐朽为神奇，把话说得滴水不漏，把事情办得天衣无缝，在芸芸众生中脱颖而出……"假若上司是一只老虎的话，这本书就是诚恳而耐心地教育人，如何把他们的毛捋顺了，让他们不咬你，然后同情你，关心你，信任你，甚至喜欢你，这样，你就能乘风破浪，步步高升，堪称"马屁学经典"。

　　相对于今人对马屁学的精深研究，宋朝人既无名师辅导，又无专著普及，更没有电视讲座和假期培训，似乎缺乏理论的支撑。不过，古今相似的是，对于万物之灵的人来说，马屁学往往无师自通，理论的浅薄，并不影响宋人精湛的拍马功夫，也不妨碍他们把马屁拍得震天价响。而且，宋人千奇百怪的拍马事例，依然有规律可循，甚至可以提炼总结为"宋朝马屁学"。

　　据宋代魏泰《东轩笔录》卷十记载，王安石任宰相期间，每当寿诞日，部下竞相祝贺。其中，光禄卿巩申为了把马屁拍得与众不同，他别出心裁，通过"放生"为王安石祝寿。他用大笼子装来许多鸽子，一只一只地放生，放一只，磕一个响头，然后祷告："愿相公一百二十岁，愿相公一百二十岁……"如此反复。凑巧的是，当时有一守边将军的老婆生了病，手下一虞候（宋代禁卫官）怀着极大的牺牲精神，割下一块血淋淋的股肉进献，表达忠心。好事者以这两件事做了一副对联曰："虞候为县君（古代妇人封号）割股，大卿与丞相放生。"一时传为笑谈。这种勇于为领导献身的马屁方式，堪称"身体力行式"。

　　宋哲宗时期，吕公著任相，显赫一时，无论封疆大吏还是州府小官，皆以与吕相结交为荣。但吕公著奉行"宰相礼绝百僚"的古训，务为清简，轻易不与士大夫私交。唯一例外的是，他信佛，对于善于礼佛谈禅者，愿意来往，"吕申公（吕公著封爵申国公）素喜释氏之学，及为相，务简静，罕与士大夫接。惟能谈禅者，多得从容。"（宋代徐度《却扫编》卷上）这如同领导喜欢收藏书画，部下就成了书画家，领导喜欢古董，部下就成了古玩家一样，许多想走宰相门子的奔竞之徒，因此"幅巾道袍，日游禅寺，随僧斋粥，谈说理情，觊以自售。"人人僧人打扮，天天寺庙出入，诚心向佛，禅来禅往，一时成为风尚。后来，有人把这种行为讥为"禅钻"，形是形象，但过雅了，通俗点讲，可称为"投其所好式"。

宋人拍马，最流行、最精准、最在效的，还是"附庸风雅式"，即进献谀颂诗。蔡京过生日，大词人周邦彦献《生日诗》为蔡相祝寿，中有："化行禹贡山川外，人在周公礼乐中。"把蔡京比喻成人人敬仰的周公，意指蔡京任相期间，教化大行于天下。蔡大人一时高兴，立刻将因歌颂变法而"流落不偶，沉浮州县三十余年"的周邦彦提拔为秘书少监。秦桧在宋高宗赏赐的宅地上新建豪宅，落成后，高宗御笔亲书"一德格天之阁"相赠，满朝祝贺之声不绝于耳，某朝臣因此写了一封热情洋溢的贺信，在信中"借题赋诗"云："我闻在昔，惟伊尹格于皇天；民到于今，微管仲吾其左衽。"把秦桧比喻成名相伊尹和管仲，谓其功绩至于上帝，其德泽加于万民。于是，马上得到提拔。某候补官员见有法可效，有机可乘，也献诗："多少儒生新及第，高烧银烛照娥眉。格天阁上三更雨，犹诵车攻复古诗。"歌颂秦宰相好学勤政，随即也补了实缺。可见，风雅的马屁比肉麻的吹捧更给力。

所以，见怪不怪，当正常成了不正常的时候，不正常也就成了正常。

第十九章

大小胡孙，汗淋学士

刘攽是宋仁宗庆历年间进士，历任曹州（治今山东曹县）、兖州（治今山东济宁）、蔡州（治今河南汝南）知州，官至中书舍人，著名诗人和史学家。他的诗歌清新优美，多首被选入当今学生课本，或为考卷试题，如《新晴》一诗就曾多次成为高考模拟试卷的诗歌鉴赏题，诗曰："青苔满地初晴后，绿树无人昼梦余。唯有南风旧相识，偷开门户又翻书。"刘攽潜心史学，与司马光同修《资治通鉴》，任副主编，撰写汉史部分，另有《经史新义》《五代春秋》等史学著作多部。这样一个有诗歌情怀、做正经学问、经多岗位锻炼的官员，生活中却从来没个正经，喜欢拿同僚的名字打趣，又喜欢给那些大臣们下套、抬杠、逗哏，幽默戏谑，乐此不疲。

宋神宗熙宁年间，刘攽知太常礼院，与学士孙觉、孙洙交好。一次，孙洙向刘攽求书法作品，刘攽写好后，让小吏给送去，孰料小吏张冠李戴，送给了孙觉。孙洙求而未得，不免催问了一回。刘攽奇怪，不是送去了吗？一问才知小吏把该送孙洙的送给了孙觉，此学士非彼学士。刘攽对小吏说："你不知道以胡须区分二位孙学士吗？"小吏回答："都有胡子，不好分辨。"刘攽说："既然都有胡子，何不以高矮胖瘦区分呢？孙觉高而胖，可称大胡孙学士，孙洙矮而瘦，可称小胡孙学士。"还有一个酷暑天，秘阁校理王安国（王安石大弟）骑马去上班，他体胖好出汗，一路颠簸，下马后大汗淋漓。刘攽见状，逗笑道："君真所谓汗淋学士也。"于是，大胡孙，小胡孙，汗淋学士，就这样在同僚间叫开了。

据宋代徐度《却扫编》卷中记载，刘攽与王安石要好，每相遇，必交谈终日。当时，王安石已升任参知政事（副宰相）。一天午后，刘攽到王安石府上拜访，王安石恰好在用餐，遂让小吏引去书房歇息。刘攽落座后，见书桌砚台下压着一份文稿，好奇地取出一看，原来是王安石草拟的一篇《兵论》。刘攽记忆力强，过目成诵，这篇文章看一遍就记住了。又一想，自己以庶僚拜见宰执大臣，就这样随随便便坐在人家书房里，似乎不合礼数，随即退出书房，在外面的厢房候着。

王安石吃完饭出来，见刘攽还在外面呆着，便邀请他去书房坐，两人天南海北，交谈甚欢。王安石说："先生最近有什么大作？"刘攽回答说："近作《兵论》一篇，不过才完成草稿。"王安石好奇地问："文章都有哪些观点呢？"刘攽暗笑，把刚才王安石《兵论》里的观点变着花样、添油加醋讲述了一遍。王安石不知道刘攽看过自己的文章，他又一贯以文章推陈出新、不入流俗为傲，听到自己的文章观点竟然与刘攽的差不多一致，内心十分沮丧，好一阵沉默，然后慢慢从砚台下取出自己的草稿，撕成粉碎。这个喜欢下套的刘攽，玩笑间就让王安石的文集里，从此失去了这篇也许是经典杰作的《兵论》，真是害人不浅。

刘攽说话，常常出人意表，幽默中有智慧，奇崛中见锋芒，鞭辟入里，一针见血，次次把同僚讥讽得体无完肤。他曾在门下省任给事中一职，这是一个给文件把关的职位，皇帝下诏、大臣上书，如认为失宜或错误的，由给事中驳正。当时，侍读学士郑穆以年老向朝廷提出退休申请，申请转到刘攽手头，他问身边的同僚，郑穆学士今年高寿？回答曰七十三岁。刘攽半开玩笑半认真地说："才七十三，那千万不能同意他的退休请求，且让他留伴八十四岁的。"原来，在宋哲宗的邀请下，已年过八十、退休多年的老领导文彦博又重新出山，担任宰相。宰相是朝廷重臣，需要思维敏锐、精力充沛，一个头眼昏花、行将就木的耄耋老人，如何能处理好军国大事呢？刘攽此语，实则是讥笑文彦博贪恋权位。文彦博听说了，"甚不怿"，非常不高兴。

刘攽话语的确有其刻薄的一面，因此得罪了不少朝廷大臣。比如，他以君子之心待王安石，但王安石见刘攽反对变法，毫不留情把他逐出了朝廷，贬为泰州（治今江苏泰州）通判。《宋史·刘攽传》说他："为人疏俊，不修威仪，喜谐谑，数用以招怨悔，终不能改。"虽然经常因言获罪，屡屡遭到打击报复，但刘攽本性难移，始终不改。他不在乎人家怎么看他，也不在乎人家怎么贬他，然而，他非常在乎人家以其人之道还治其人之身，以诙谐幽默的言语刻薄他，斗嘴敌不过，斗智拼不赢，这才是他最在乎的。刘攽与苏东坡来往一生，最为投契，堪称金石之交。两人经常在一起诗酒唱酬，乐不知返。刘攽晚年患风疾，也就是麻风病，须眉脱落，鼻梁断坏，但这并没有影响他与朋友们吟诗畅饮的雅兴。一次，几个好友在刘攽家聚饮，席间商定套用古人联句相戏，轮到苏东坡时，他用刘邦的《大风歌》拿刘攽的病相打趣说："大风起兮眉飞扬，安得猛士兮守鼻梁。"刘邦与刘攽音近，而翻改的联句既合韵律又合情境，闻者纷纷笑倒，唯独刘攽恨怅不已，他恨的不是病情遭到戏谑，他恨的是戏谑了别人一辈子，却被苏东坡狠狠地戏谑了一回。

哲宗元祐四年（1089），刘攽病故，是年六十七岁。苏东坡在《记故人病》一文中说："十月十二日夜，一鼓后，故人有得风疾者，急往视之，已不能言矣。死生阴阳之争，其苦有甚于刀锯木索者。余知其不可救，默为祈死而已。呜呼哀哉！"表达了对这位至交的深切哀痛和悼念之情。

第二十章

司马光、苏东坡与"王安石变法"

"王安石变法"是中国11世纪下半叶，由北宋神宗主导、宰相王安石具体负责推行，事关政治、经济、社会、文化、教育、军事等多方面内容，且从庙堂到江湖几乎全部牵连此中的一次政治改革。改革肇始于神宗熙宁二年（1069），终止于神宗去世的元丰八年（1085），前后16年有余，由于时间长，涉及面广，牵连的人多，斗争激烈，为此掀起的滔天巨浪对北宋的官场形势、官员命运、人情冷暖甚至国运兴衰都产生了深远的影响。

　　"王安石变法"的争议由来已久，至今不断。一些人以司马光的自请离朝为依据来评价变法的优劣，一些人以苏东坡因反对变法而一辈子遭贬为由来判断变法的对错，更多的人因为变法带来无休无止的党争倾轧谴责"王安石变法"为北宋灭亡的祸根。虽然以梁启超、邓广铭、钱穆、柯昌颐等名儒硕彦深入细致地评价过、肯定过"王安石变法"，但争议从来不曾停止。

　　那么，究竟要如何去分析、理解和评价变法，如何看待司马光和苏东坡在变法中的态度、作为和影响呢？可以从以下几个话题进行剖析：

　　一者，变法是否必要。答曰：变法不仅必要，而且迫在眉睫。因为到了神宗手里的时候，曾经辉煌一时的宋朝，已经不再是当年宋真宗、宋仁宗那个繁华盛世了，更不是宋太祖、宋太宗那个彪悍勇武的血气时代了。到神宗继位的治平四年（1067），宋朝已逾百年，它经历了奋斗，有过繁荣，也遭遇过挫折。此时，它犹如一位百岁老人，出现了一切期颐老人都可能出现的问题：臃肿、衰老、疾病缠身。最突出的就是内部行政机构多、人员多、财政负荷重，收入既少又难收，入不敷出到了让人焦虑的程度。军队庞大而战斗力弱，败绩连连，面对西北西夏、北方辽国的侵扰，只得花钱买和平，不但丢银子，而且丢面子。

　　那么，这种内忧外患、进退维艰的局面是怎么形成的呢？原因众多，如奢侈无度，财政乏力，庸官过多，良将太少，等等。但还有一点，可以追溯到太祖建立的所谓"祖制"。太祖是以武将身份、武力威逼、武装夺权上位的，上位后的他特别害怕别人效仿，为了断绝这种可能，他一方面全力对内，加紧统一中原而放松了对外族的防御，另一方面以"杯酒释兵权"夺取了武将的兵权，又以"禁旅更代"消除了地方的威胁，再以"与文人士大夫共治天下"的政策，无限拔高文人地位，重文轻武，扬文抑武，最后形成紧内而虚外的局面。

从太祖、太宗到真宗、仁宗，他们无一例外地给文臣们以优厚的待遇和毫无节制的赏赐，使那些通过科举步入仕途的文人们轻松掌握了大量的土地、资源和财富，形成了新兴的官僚地主阶层。北宋统治者不但厚待这些文臣本身，还通过"恩荫制度"，将高官厚禄赏赐于他们的亲族子孙，泽被后世。仁宗在位时，每年用于赏赐文臣的钱物折价高达百万缗之巨，时任谏官的司马光曾三次上书谏阻，提出实在必要的，应准许大臣们将赏赐的钱捐献营建山陵之用。然而，仁宗拒绝了，继续大把施恩。

在这种制度下，文人们写诗作文与治国理政几乎同等重要，喝酒旅游、交朋结友与视察调研、了解民情亦同等重要。北宋甚至给酒足饭饱、诗文之余的文官们配备了专门的官妓（古时入乐户名籍、侍奉官场应酬的女妓），他们酒食征逐，歌舞相继，优渥的官场生活无限滋润，而且滋润得理直气壮。在有优待、有恩赏、有偏袒、有溺爱的情况下，文臣们不仅骄矜自信，而且享乐成风，他们建豪宅、坐香车、品文学、狎官妓，生活十分奢侈。

宋朝优待文人的政策，直接导致了两个极端的后果：一是成就了登峰造极的华夏文化和灿若星汉的文人墨客；二是导致了百姓的生活困苦。涸泽而渔，总会有"泽涸"的一天。皇族和百官并不从事体力劳动，所有栉风沐雨的辛苦劳累，都转嫁到了老百姓的头上，因有"恩逮于百官者惟恐其不足，财取于万民者不留其有余"（清代赵翼《廿二史札记》卷二十五）之说。朝廷与辽国、西夏打了败仗，屡屡以所谓"岁币"买和平，所需则频频向百姓伸手，索取无度。当老百姓被压垮了、榨干了，朝廷的危机就来了。神宗上台，面临的就是这样一个烂摊子，要克服危机，变法几乎是唯一的选择。

二者，变法是否有成效。神宗弱冠之年登上皇位后，他并不是一时头脑发热想到要变法的，而是箭在弦上，不得不发。当那些志得意满的文人士大夫们还醉心于吟诗作赋、对酒当歌、莺歌燕舞的时候，头脑异常清醒的神宗已经在物色变法的操盘手了。

　　而这个角色非王安石莫属。王安石一直想做一个熟悉民情，通透实务，扳转国运，救人民于水火的国之栋梁。很早的时候，王安石就扎根基层，从县令、州官、郡守，一个地方接着一个地方干，每一个地方他都竭尽全力，大胆施政，很早就尝试着农业农村的改革，探索民强国富的路子。当政绩斐然的王安石被仁宗发现后，仁宗几次要将他提拔到中央重用，他次次拒绝，为的是在基层有更多的历练，进行更多的实验，积累更多的经验。有一次，为了拒绝提拔，诏书送达时，他竟然躲进了厕所。这正是神宗要找的人。

　　神宗要"励精图治"，王安石又是一个有志于安邦定国、经世济民的人，于是便有了君臣的一拍即合。自熙宁二年到元丰八年，在神宗的强力主导和支持下，王安石先后以副相和宰相之身，牵头组织了这场以发展生产、富国强兵、挽救宋朝于濒危之际的改革，史称"熙宁变法"，亦称"王安石变法"。

　　针对生产落后、国库空虚、军备孱弱等问题，王安石先后提出和推行了青苗法、募役法、方田均税法、农田水利法、市易法、均输法、保甲法、裁兵法等一系列变法措施，取得了一定的成效：农田水利法的推行，改良了全国的水利设施，提高了灌溉能力和生产能力，单开封府每年增产谷物就达数百万石；另据《宋史·食货志》载，自熙宁二年至九年，全国修建成的水田、民田、官田合计三十六万多顷。青苗法的推行，减少了高利贷对农民的剥削。募役法则保障了农民从事农业生产的时间。青苗法、募役法、市易法都是对财政的改革。通过这些改革，国库收入迅速增加，国库积蓄后来甚至可供朝廷二十年用度。而且，这里所说的增收不单单是钱，钱币之外，还有大量的谷物。《宋史·安焘传》载："熙宁、元丰之间，中外府库，无不充衍，小邑所积钱米，亦不减二十万。"可以说，到了神宗手里，宋朝一度扭转了积贫的局面。在军事方面，保甲法维护了农村治安，建立了军事储备；保马法、军器监法增强了军备；裁兵法提高了士兵素质；将兵法增强了军队战斗力。因此，积弱的情况也有所改善。

　　可见，王安石变法改变了北宋深陷积贫积弱泥淖的困境，带来了生产的发展，府库的充实，国防力量的提升。可以毫不夸张地说，是王安石的变法，才使赵宋皇权得以延续，延长。

三者，司马光为什么反对变法。之所以把司马光和苏东坡单独拿出来作为王安石变法的"参照系"，是因为对于变法来说，司马光和苏东坡二人，一个决定了变法在官方（历史）的评价，一个决定了变法在民间（文人）的评价，一个在生前给变法设置了最大阻力，一个在死后以其一生贬谪经历而为变法树立了生动的反面实例。

　　王安石变法效果日益显现的同时，有一点值得注意的是，地主、官僚、商贾的既得利益受到了很大影响。尤其是以文人士大夫为主体的官僚地主阶层，他们购买了大量的良田，以前因为政策优待，无须交税，甚至人家的田地借他们的名义耕种亦不要交税。但变法之后，不仅田要交税，还要抽丁为公服役，不想抽丁便交钱免役。

　　于是，许多享惯了优越、过惯了不劳而获日子的大官小吏，因维护自己的一己私利而纷纷站到了变法的对立面。而在资历与名望上与王安石相当的司马光，更是以自请离朝、挂冠闲居来表达反对和不合作的坚决态度。元祐后，司马光东山再起，出任宰相，便把新政不管好坏对错一概废除，将推行新法的所有要员、微员甚至有过支持变法言论的官员，一律贬逐。

　　反对的力量之所以如此强大，除了王安石变法触动了他们的利益之外，还有几点原因：一是他们坚持儒家正统，反对一切挑战所谓正统的改革举措；二是王安石在变法中贬谪了一些以前有名望的勋旧大臣，这些在政治上因之失势的人必然反对；三是变法在推行过程中，由于基层官吏从中有渔利之举，也给反对者留下了口实。总之，司马光的态度，直接影响了官方对王安石和变法的评价。

　　四者，苏东坡的态度和遭际。在中国文学史上，苏东坡可谓文采一流、胸襟一流，但他在治民执政的能力上，则远不如王安石细致缜密、经纬有方，在政见上与王安石也不同。苏东坡的声誉和遭遇，也影响到了当时的读书人及后世人们对王安石变法的判断。苏东坡的那些追随者，因此把他也"想象"成与司马光立场一致的反王派、反对变法派，其实大谬不然，二人对于王安石和变法，态度上还是很有一些区别的。

　　作为一代文宗，苏东坡有强烈的正义感和批判精神，从不因利益改变立场，从不属于任何派别，从不加入党争。他虽非一流干才，但能客观公正地批判当时的政治得失。他虽反对一些变法主张，但对变法中利国利民的政策尚能积极支持。苏东坡因与王安石政见不同，受到放逐，而当王安石下台，他和王安石反成了朋友。苏东坡与司马光主张有相近的地方，而司马光上台，尽废新法，他又指出新法不可废。他以事实作为判断的标准，而不是像某些人一样，通过在变法中的立场和争斗来谋求政治前途。所以，苏东坡既不见容于变法一派，又不见谅于反对一派。变法派当政，他受排挤，反对派当政，他同样受打击，故一辈子颠沛流离，屡遭贬谪。当时和后来的人们常常固执地认为苏东坡一生颠沛流离是因王安石所致，孰不知他的贬官还与司马光和章惇有关，且在章惇当政时被贬得最远最惨。

苏东坡不仅不憎恨王安石，反而十分敬重他。王安石去世后，他在代宋哲宗起草的《王安石赠太傅制》中评价王安石说："名高一时，学贯千载……瑰玮之文，足以藻饰万物；卓绝之行，足以风动四方。用能于期岁之间，靡然变天下之俗。"这是何等崇高的敬意，又是何等公允的评价！

其实，从细节上看苏东坡对王安石的态度，不仅没有看到苏东坡对变法本身和王安石本人的批判，反而让我们看到了一个对待改革最公允的立场。这既是苏东坡的人格所形成的，更是王安石和变法本身所决定的。

第二十一章

王安石得罪了谁

王安石的"熙宁变法"失败了，比之前范仲淹的"庆历新政"败得更加彻底和悲壮。不过奇怪的是，变法失败后，士大夫不是对变法利弊的权衡，不是对变法得失的总结，不是从国家发展大局着眼来校短量长、拾遗补阙，而多是对王安石个人的嘲弄和攻击。他们或从形象、习惯入手，或从性格、经历着笔，给王安石贴上了一系列神神道道、稀奇古怪的标签，颇见搞笑的一面。

　　王安石(1021—1086)，字介甫，抚州临川县(治今江西抚州)人，封荆国公，谥号文，世称王荆公，或王荆文公。因为变法的缘故，宋人在野史笔记中，连篇累牍地围绕王安石的外貌做文章，或说："安石牛耳虎头，视物如射。"或说："王介甫终日目不停转。"或说："公面黧黑。"或说："介甫肤理如蛇皮。"宋代邵伯温《闻见录》卷二记载说，宋仁宗邀请大臣们钓鱼，王安石以知制诰受邀，大臣们专心钓鱼，王安石却把茶几上放置的鱼饵当作零食，吃个精光。苏洵以王安石面垢不洗，衣垢不浣，囚首丧面，一年四季不洗澡，而作《辨奸论》一文，借晋代山涛评王衍语："误天下苍生者，必此人也。"唐代郭子仪评卢杞语："此人得志，吾子孙无遗类矣。"将二者的评语原封不动冠之于王安石头上，指桑骂槐谓之："是王衍、卢杞合而为一人也。"并断言："凡事之不近人情者，鲜不为大奸慝。"(苏洵《嘉祐集》卷九)

　　长相不堪，吃相不雅，穿着邋遢，形象猥琐，像张飞而多狡诈，似钟馗而少忠义，这就是宋朝士大夫们描绘的王安石形象。

　　司马光与王安石早先也是良朋，相互倾慕，心照神交，但经过变法，反目成仇。他俩曾在宋神宗面前有过一次激烈的争辩，王安石认为，国家财政困难，入不敷出，是因为缺乏善于理财之人和理财之道。司马光则认为，天地所生财货百物，不在民，则在官，王安石所谓理财，不过是横征暴敛、与民争利罢了。他们的矛盾焦点集中于一个"利"字。司马光在《涑水记闻》卷十五用调侃的语调讲了一个故事，说身为宰相的王安石好言利，一次，有人向王安石献计说："把八百里梁山泊的水放掉来造田，可造良田万顷，乃一本万利的好事。"王安石一听，眼睛贼亮，兴奋地问道："那放掉的水，何处贮存呢？"集贤校理刘攽适在座，其人幽默搞笑，因接口说："在梁山泊旁边，再掘一个八百里水泊，可贮存此水。"在场之人，无不笑倒。司马光借这个故事，把王安石急功好利的性格大大讥讽了一番。

宋人笔记中，王安石不但好利，而且好谀。如前文"宋朝马屁学"所引魏泰《东轩笔录》卷十中记载的段子，王安石任相，每当生日，朝士纷纷献诗，僧人、道士则颂"功德疏"，竞相祝贺。光禄卿巩申趋炎附势，削尖脑袋走宰相的门子，因他既不擅长作诗，又不会诵经，便别出心裁以"放生"的方式为王安石祝寿。

无独有偶，南宋李壁在《王荆文公诗笺注》卷二十二也记载了一个段子。王安石的儿子王雱，才华横溢，志存高远，二十岁就已著书数万言，真可谓虎父无犬子。然而，王雱多病，英年早逝，王安石白发人送黑发人，悲痛欲绝，因作《题雱祠堂》诗悼子曰："斯文实有寄，天岂偶生才。一日凤鸟去，千秋梁木摧。烟留衰草恨，风造暮林哀。岂谓登临处，飘然独往来。"李壁在诗后注解中，记录王安石当政期间的一些传闻说："公父子皆以经术进，当时颂美者多以为周、孔，或曰孔、孟。范镗为太学正，献诗云：'文章双孔子，术业两周公。'公大喜，曰：'此人知我父子。'"国子监学官范镗为讨好宰相而献诗，把他们父子的才学喻为孔子，能力喻为周公，王安石看后特别高兴，竟大言不惭。《题雱祠堂》一诗，遂成宋朝文人们攻击王安石"父子相圣"的证据之一。

细究起来，这两个段子嘲笑的不是巩申和范镗的卑躬屈膝，它嘲笑的是身为国家重臣的王安石，面对肉麻的奉承时那种洋洋自得的样子，王安石因此落下了好谀喜谄的名声。然而，仔细观察王安石的为文、为政、为人，他虽然生活中不拘小节，言语间好发高论，改革上大刀阔斧，选人用人上独断专行（以支持改革为选人用人标准），的确有常人不能理解与容忍的一面。但说他陶醉于阿谀之词，狂妄到是非不分，这不符合实情。据宋代沈括《梦溪笔谈》卷九中记载，王安石得了气喘病，药方中有一味紫团参（产于山西壶关紫团山），为人参珍品，到处买不到，正好薛向（字师正）自紫团参产地河东路任职归来，手头正好有，要送他几两，王安石坚决不受，还说："我这一辈子没吃过紫团参，不也活到了今天吗？"可见他有其洁身自好、实事求是的一面。

不仅如此，有人甚至还把王安石刻画成一副小人相。王安石从小好学，刻苦上进，但他长相难看，皮肤似蛇皮。清代褚人获《坚瓠集·丙集》卷三"老蛇皮"条载："王介甫乃进贤饶氏之甥，锐志读书。舅党以介甫肤理如蛇皮，目之曰：'行货（质量差的货物）亦欲求售耶？'介甫寻举进士。以诗寄之曰：'世人莫笑老蛇皮，已化龙鳞衣锦归。传语进贤饶八舅，如今行货正当时。'"八舅非常讨厌这个外貌丑陋的外甥，嘲笑他是"次品"，断言他没出息。王安石进士及第后，赋诗反击了舅舅的鄙薄。

这个故事一看便知是杜撰。王安石饱读诗书，在学问上堪称旷世大儒，以其学识和修养来说，中了进士内心再高兴，也不至于得意忘形如小人一般，何况以王安石的才学，也不会把诗写得如此低俗。

变法之前，人们谈论评价王安石的时候，则完全不是这种龌龊之言，泄愤之语，而是充满景慕，寄托希望。例如，比王安石还年长两岁、同王安石数度共事、后来成为政敌的司马光，就曾在《与王介甫书》中说："介甫独负天下大名三十余年，才高而学富，难进而易退，远近之士，识与不识，咸谓介甫不起则已，起则太平可立致，生民咸被其泽矣。"可见王安石在士大夫间的声誉和口碑，几乎交口称赞，众望所归，直可以托付天下似的。

那么，后来王安石为何被士大夫诋毁丑化，群起而攻之呢？原因是多方面的，有一点不得不说，正如苏洵所言："好恶乱其中，而利害夺其外也。"尤其是"利害夺其外"。王安石虽然在官场摸爬滚打数十载，但他深谙王道而不通权变，深知国家弊病而不懂"官箴"。变法乃是一种利益的重新调整，必然伤筋动骨，他急于事功而又不能因势利导，及时化解矛盾，终于犯了众怒。士大夫不乏对祖宗的孝顺和对国家的忠诚，然而侵犯了谁都会刺猬般反戈一击，编段子、传谣言不过是他们千万手段中的一个。俗话说"历史是个任人打扮的小姑娘"，王安石因而被涂抹成了如此不堪的模样。至于像两宋之际的吕本中在《师友杂志》一书中借谏官陈瓘之口说："寻常学者须知得王介甫一分不是，即是一分好人，知得王介甫十分不是，即是十分好人。"则纯粹是诋毁谩骂，毫无趣味可谈了。

　　文人喜欢渲染，爱之欲其生，恶之欲其死，常常言过其实。反对变法，就连变法者的才学、德行也一律抹杀，这是有悖于事实与真理的。当然，文人中亦不乏客观公正之士，像黄庭坚，他也反对变法，但对王安石本人既欣赏又敬佩，他在《跋王荆公禅简》中说："余尝熟观其风度，真视富贵如浮云，不溺于财利酒色，一世之伟人也。"（《黄庭坚全集·正集》卷二十六）给予了王安石非常中肯的评价。

第二十二章

苏东坡给朋友们的酷评

林语堂在《苏东坡传》自序中说："苏东坡是个秉性难改的乐天派，是悲天悯人的道德家，是黎民百姓的好朋友，是散文作家，是新派的画家，是伟大的书法家，是酿酒的实验者，是工程师，是假道学的反对派，是瑜珈术的修炼者，是佛教徒，是士大夫，是皇帝的秘书，是饮酒成癖者，是心肠慈悲的法官，是政治上的坚持己见者，是月下的漫步者，是诗人……"毋庸讳言，苏东坡的确是一位多才多艺、多姿多彩、横看成岭侧成峰的千古风流人物。如果把议论时事、臧否人物算上，他还是一位幽默的评论家，常常妙语连珠，酷评迭出，散发出一代文豪超群绝伦的大智慧。

历朝历代，名人品评都是文人士子们的梦想，"一经品题，便作佳士"的机遇，吸引着他们趋之若鹜。苏东坡作为文坛巨擘，这种点石成金的奇效更是灵验无比，"苏门四学士"的成名便是如此。所以当时很多青年才俊以在苏东坡面前吟诗为荣，倘若得一二点评，则有登堂入室、无上荣耀之感。一位叫王祈的年轻官员，颇以才华自诩，常在苏东坡面前卖弄。一次，他作了一首《竹诗》，对其中两句尤为得意，在苏东坡面前吟诵道："叶垂千口剑，干耸万条枪。"苏东坡一听，不禁哈哈大笑道："这两句好则极好，不过，万竹千叶，无异于说十条竹竿一片叶儿，天下何处有此竹？"苏东坡遂下一评语说："世间事忍笑为易，惟读王祈大夫诗，不笑为难！"苏东坡一评天下知，王祈因此落下了愚钝之名。

宋神宗元丰年间，苏东坡因"乌台诗案"贬官黄州（治今湖北黄冈）五年余。其间，与同为眉州（治今四川眉山）老乡、隐居于黄州岐亭的名士陈慥成了至交，两人畅谈用兵之策，兴亡之道，诗文相娱，过从甚密。陈慥爱好养生，经常吹嘘自己的养生心得，得意洋洋。一次，陈慥生了场大病，整整一月不见好转，苏东坡"幸灾乐祸"地写了一封信戏弄陈慥说："公养生之效，岁有成绩，今又示病弥月，虽使皋陶听之，未易平反。公之养生，正如小子之圆觉，可谓'害脚法师鹦鹉禅，五通气球黄门妾'也。"（《苏轼文集·尺牍》）意思是你平日吹嘘养生效果如何如何，如今一病不起，整月未愈，即使司法始祖皋陶听了，也没法给你平反了。你的所谓养生经验，可谓害脚法师——售符水而不能自医，鹦鹉谈禅——学语而不解其意，五孔的气球——多孔漏气而不堪踢，太监的小妾——有名无实，不过都是一些无用的摆设罢了。苏东坡用一连串俏皮的比喻，把陈慥有名无实的所谓养生之道大大讥笑了一番。

陈慥，字季常，北宋名臣陈希亮膝下四公子。青年时嗜酒好剑，视钱财如粪土，中年折节读书，发愤为学，晚年放弃家财，自号龙丘居士，隐居岐亭，好蓄养声妓（歌姬舞女），爱交朋结友，平日里弦歌曼舞，宾客盈门，不亦乐乎。唯一美中不足的是，他有一悍妻柳氏，每每苏东坡等好友前来聚饮，倘有声妓在侧，柳氏总是妒恨交加，以杖猛击照壁（遮挡大门的低矮墙壁），大吵大闹，让宾客们不欢而散。元丰八年（1085），苏东坡由黄州移居常州（治今江苏常州）后，常常怀念千里之外的陈慥，某日又想起了好友，特撰《寄吴德仁兼简陈季常》一诗，分赠陈慥和蕲春名士"濮阳公子"吴瑛（字德仁），其中专门针对陈慥有句云："龙丘居士亦可怜，谈空说有夜不眠。忽闻河东狮子吼，拄杖落手心茫然。"又把陈慥惧内之态嘲弄了一次。此诗在士大夫间疯传，"河东狮吼"遂成"悍妇"专属。

宋哲宗元祐年间，苏东坡任杭州知州三年，其间写过一篇绝妙的判决书。事情是这样的，灵隐寺和尚了然，虽入空门，心里不空，迷恋上了勾栏院妓女李秀奴。和尚养情人，花钱自然如流水，来往日久，终弄得家光业尽，身无分文。和尚的钱袋子空了，驽马再无栈豆可恋，李秀奴就和他断绝了关系。了然一往情深，不能自拔，依然纠缠不休。某日，了然喝多了，去找李秀奴，又吃了闭门羹。了然勃然大怒，乘着酒性，撞开门后一顿拳打脚踢，将李秀奴当场打死。于是，了然以谋杀罪受审。审案中，苏东坡看到了然胳膊上刺了一副对联："但愿生同极乐国，免教今世苦相思。"和尚恋爱不成反将人打死，罪不容诛，苏东坡愤然写下判词云："这个秃奴，修行忒煞。云山顶上空持戒。一从迷恋玉楼人，鹑衣百结浑无奈。毒手伤人，花容粉碎。空空色色今何在。臂间刺道苦相思，这回还了相思债。"（唐圭璋《全宋词》）随即判决了然死罪。

苏东坡评事品人，雅俗兼具，谑而不虐，于机智诙谐的调侃中给人以启迪，句句堪称酷评。苏东坡说话率直，极为通透、通达，尽管他对那些自鸣得意的庸人、唯利是图的小人看不惯，好用文字嘲讽、语言讥刺，正如他自己所说："如食内有蝇，吐之乃已。"但对于文朋诗友，性情之交，不过开开玩笑，打趣搞笑而已，不仅不会失欢，反能平添情趣，增进友谊。而对于另外一些真正有才学、有识见的人，哪怕是自己的敌人，例如排挤过自己的王安石，迫害过自己的章惇，他都采取宽容的态度，不记仇，不记恨，往往一笑而过，这是他敦厚达观的一面。

第二十三章

秦少游和他的粉丝们

"苏门四学士"中，最著名的当数黄庭坚和秦少游。黄庭坚以诗见长，而秦少游以词著称，近现代词人夏敬观说："少游词清丽婉约，辞情相称，诵之回肠荡气，自是词中上品。比之山谷（黄庭坚号），诗不及远甚，词则过之。"秦少游词中，"自在飞花轻似梦，无边丝雨细如愁。宝帘闲挂小银钩。"（《浣溪沙》）"别后悠悠君莫问，无限事，不言中。"（《江城子》）"柔情似水，佳期如梦，忍顾鹊桥归路。两情若是久长时，又岂在朝朝暮暮。"（《鹊桥仙》）这些无限优美而又让人浮想联翩的名句，也都是古今的人们屡屡咀嚼、反复吟诵且耳熟能详的。

秦少游（1049—1100），名观，字少游。与苏东坡一样，人们因为喜欢和尊敬，不直呼其名，每每称其字。他是扬州高邮县（治今江苏高邮）人，父亲秦元化曾师从"宋初三先生"之一的胡瑗，习经多年，家学深厚。不过，秦少游倒没学其父亲，在儒学典籍中埋头苦读，皓首穷经。他喜欢诗，更喜欢词，晏殊、欧阳修、苏东坡都是他的偶像。这些偶像中，秦少游最服苏东坡。为结交苏东坡，秦少游可谓煞费苦心。据宋代诗僧惠洪《冷斋夜话》卷一载，熙宁七年（1074），二十五岁的秦少游得知苏东坡将过扬州，并游览大明寺，特从高邮赶到扬州，模仿苏东坡的诗风和笔迹，在大明寺的寺壁上题诗一首，并署名苏轼。这一招很是灵验，游览时，"东坡果不能辨，大惊"。后来，苏东坡在友人处读到秦少游的诗词后，惊叹道："向书壁者岂此郎邪？"能在苏东坡这一真菩萨面前烧假香，几乎乱真，证明了秦少游的旷世才情。因此，苏东坡为他点赞，说他"有屈、宋才"，王安石也曾评价他"清新似鲍、谢"。（《宋史·秦观传》）苏东坡说他有屈原、宋玉之才，王安石说他的作品清新如鲍照、谢朓。元丰元年（1078），秦少游前往徐州，拜谒时任徐州知州的苏东坡，相谈甚欢。临别，秦少游作《别子瞻学士》一诗表达心迹，中有"我独不愿万户侯，惟愿一识苏徐州"之句，从此拜于门墙之下。

文坛巨擘苏东坡，官场耆宿王安石，都将秦少游比之于闻名千古的屈、宋、鲍、谢，这既是高度评价，也是殷切期许。所以，秦少游因才华走官运，便是十分自然的事情了。虽然他的科考道路并不平坦，屡战屡败，宋神宗元丰八年（1085）以三十六岁"高龄"才考上进士，但之后的提拔颇为迅速。他初任定海（治今浙江宁波）主簿，未赴，寻除蔡州（治今河南汝南）教授。神宗去世，哲宗继位，高太后垂帘听政，军国政事，全权处理，对秦少游亦有注意。元祐二年（1087），苏东坡以"贤良方正"推荐秦少游入朝。元祐五年（1090），时任宰相的范纯仁推荐秦少游任太学博士，旋升秘书省正字，后迁国史院编修，授宣德郎。官不大，但有王安石曾经的褒奖，有苏东坡、范纯仁的先后推荐，前途无量。而且在京这段时间，也是他人生最得志的时期，文名盛极一时，好友环绕左右，与黄庭坚、张耒、晁补之同游苏东坡门下，何其快慰！

秦少游官场得志，情场亦得意。他在蔡州任职期间，营妓（古代军中的官妓）楼东玉对他一片痴情，秦少游填了一曲《水龙吟》送给她，不但用"小楼连远横空""玉佩丁东别后"二句，巧妙将"楼东玉"的名字嵌了进去，而且"花下重门，柳边深巷，不堪回首。念多情但有，当时皓月，向人依旧"之句，几乎把他俩缠绵悱恻的月下幽会和男欢女爱的隐私，向天下坦白无遗，害得老师苏东坡又是担心，又是责备。

一天晚上，秦少游在扬州刘太尉家做客，觥筹交错间，一美貌歌妓深情款款，轻拢慢捻弹奏箜篌，技艺高超，其乐如泣如诉。因箜篌是古乐器，引得好奇心强的秦少游忍不住上前就近观看。这时，恰巧刘太尉去里屋更衣，又恰巧一阵风吹灭了蜡烛，歌妓是他的超级粉丝，本就仰慕于他，仓促间两人乘机亲近了一番。嗣后重燃蜡烛之际，歌妓绯红着脸羞涩地对秦少游说："今日为学士瘦了一半。"这件事，后来在文坛被炒得沸沸扬扬。

长沙有一歌女，平生也酷爱"淮海词"（秦少游别号淮海居士），每得一首，即抄录下来，反复咏唱，堪称秦少游的"铁粉"。一次，秦少游路过长沙，不知如何被歌女得知，她缠着自己的母亲，要向秦少游托付终身，逼得母亲没法，只好红着老脸去向秦少游表达女儿的爱慕之情，不想被秦少游婉拒。后来，秦少游去世，长沙歌女竟上吊自杀，以身殉情。

宋代词人中，有女人缘、走桃花运，能够与秦少游堪称仲伯间的，恐怕只有一个"花花公子"柳永了。柳永"奉旨填词"，游走于烟花柳巷，是石榴裙下的风流浪子。秦少游曾有意无意地模仿过柳永，也像柳永一样真心爱她们，以一个男人的胸怀和一个诗人的真诚爱她们，而且爱一个就填一堆词，佳作迭出。有人统计，秦少游留传下来的四百多首诗词中，"情诗"多达四分之一，而诗词中的主人公绝大多数是青楼歌女，对于桃花运连连的秦少游来说，每次艳遇，真是"金风玉露一相逢，便胜却人间无数"。

清顺治十七年（1660）春，诗人王士禛得授扬州府推官，赴任途中夜泊高邮南湖，触"地"生情，想起了五百年前的高邮才子秦少游，立于船头徐徐吟出《高邮雨泊》一诗云："寒雨秦邮夜泊船，南湖新涨水连天。风流不见秦淮海，寂寞人间五百年。"是的，人世间如果没有秦少游这种才子风流，那便正如今夜的凄风苦雨，日子将会是多么的寂寞、漫长和冰冷啊。

第二十四章

北宋老领导的聚餐会

宋神宗元丰五年（1082），退休后闲居洛阳的原宰相富弼，向时任河东节度使、守太尉、判河南府兼西京留守司事的好友文彦博提议，由二人牵头，组织一些年龄相仿、资历相当、性情相投、口碑良好的老领导，仿唐代白居易"香山九老会"形式，置酒相约，定期聚餐，以乐晚年。对此提议，文彦博非常赞同，一拍即合。他们组织当时居住洛阳的部分已经退休或即将退休的老领导，按年龄为序，轮流作东，谓之"洛阳耆英会"。

聚会确定了"士大夫老而贤者"十一人。这十一人中，官位最高为富弼和文彦博，均出任过宰相。年龄最大为富弼，七十九岁。其次文彦博和以司封郎中致仕的席汝言，七十七岁。其他人包括以太常少卿致仕的王尚恭、秘书监致仕的刘凡、司农少卿致仕的王慎言等，皆是年逾古稀的退休老官员。时任端明殿学士兼翰林侍读学士的司马光年龄最小，"年仅"六十四岁，可谓"贤"而不"老"，按要求是不能进入这支队伍的，因他声望高、学问好、人缘不错，又正好在洛阳居住，被"强拉入伙"，成为"耆英会"中的老幺。

尽管只是几位老领导的小聚会，但大家毕竟都是当朝叱咤风云、指点江山的人物，无规矩不成方圆，凡事不能草草。经过合议，决定由任过皇帝秘书的大笔杆子司马光执笔，撰写《洛阳耆英会序》，以纪其事。事情的起因、主旨、经过等，皆在《序》中详细记载，《序》曰："昔白乐天在洛，与高年者八人游，时人慕之，为《九老图》传于世。宋兴，洛中诸公继而为之者凡再矣，皆图形普明僧舍。普明，乐天之故第也。元丰中，文潞公留守西都，韩国富公纳政在里第；自馀士大夫以老自逸于洛者，于时为多。潞公谓韩公曰：'凡所为慕于乐天者，以其志趣高逸也，奚必数与地之袭焉？'一旦悉集士大夫老而贤者于韩公之第，置酒相乐，宾主凡十有一人，既而图形妙觉僧舍，时人谓之洛阳耆英会……"（宋代吕祖谦编《宋文鉴》卷八十七）

司马光又撰《会约》，给聚会立规矩、定约束。《会约》一共八条，篇幅不长，原收于明代司马晰编写的《涑水司马氏源流集略》一书，现据邓广铭

《宋史十讲》第十讲全文转引如下：

一、序齿不序官。二、为具务简素。三、朝夕食各不过五味，菜果脯醢之类，共不过二十器。四、酒巡无算，深浅自斟，饮之必尽，主人不劝，客亦不辞。五、逐巡无下酒时，作菜羹不禁。六、召客共用一简，客注可否于字下，不别作简。七、会日早赴，不待速。八、右有违约者，每事罚一巨觥。

《会约》逐条的大致意思是：

聚餐中只论年龄大小，不论职务高低，没有官场俗套，大家都轻松。

聚餐时，筵席上的餐具务求简朴，不得用金碗银筷讲排场。

主人请客时，每宴主菜不得超过五种。果脯、酱菜之类的佐酒小碟，总数不得超过二十碟，类似于今天餐桌上的冷盘，看似多，但品种极普通，非难寻珍馐，量亦少。

座次按年龄排，酒壶按顺序递，倒多倒少、饮多饮少自便，东道主不得强行劝酒，宾客也无须勉强自己，量大尽兴，量少随意。但倒入酒盅的必饮尽，避免浪费。

倘若酒未喝完，桌上菜肴已被吃完，此时可补充一些菜羹。

节约纸张，简化程序，轮到谁请客，东道主只用一张通知单，写明聚会时间，下列诸会员的字，如富弼只写彦国，文彦博写宽夫，司马光写君实，等等。派人逐家传递，会员是否能出席，在字下签注即可。

聚餐之日，客人须按时出席，不等不催。

上述规定，谁若违反，如迟到、答应来而不来、主菜超过五个等等，无论主宾，违反一条，即罚酒一大杯。

有了这么一则《会约》，众老在请客过程中，均按《约》办理，减少了身不由己的铺张，杜绝了竞奢斗富的攀比，避免了不必要的浪费。主人没有压力和负担，客人也绝无轻视和鄙薄，优游自如。

《会约》把餐具的标准、菜肴的数量、请柬的呈送都规定得详详细细，节约到连请柬都不准多发一张，可谓节俭至极。司马光做官多年，待遇丰厚，却始终恶衣菲食，他常说"食不敢常有肉，衣不敢纯衣帛"，一直保持着简朴的生活习惯。当时，他居住洛阳，正埋头创作《资治通鉴》，前后达十四五年。由于住宅低矮破败，夏天酷暑难当，只好在房子下挖一个地下室，穴居期间，寒碜而又另类，被人讥笑为"穴处者"。

《会约》体现了司马光的节俭美德，对豪华相尚、俭陋相訾的北宋官场的奢靡之风，是一种自觉抵制。同时，《会约》对今天无论公私接待宴请，也不啻为一种很好的指导，既能体现东道主的好客之道，又不会捉襟见肘，让人打肿脸充胖子，逼得东道主寅吃卯粮，违心操办，甚至负债操办。

第二十五章

宋朝文人爱起外号

《水浒传》一百单八将，人人有外号。豹子头林冲，一看就知长相；霹雳火秦明，一看就懂性格；小李广花荣，一看就明白才能。在宋代，不但江湖好汉爱起外号，就是朝堂之上峨冠博带正襟危坐的士大夫们，也好给朋友们起外号打趣，而且惟妙惟肖，极为传神。

针对相貌起外号，是士大夫们的拿手好戏。宋神宗熙宁年间，孙觉、孙洙同为馆阁大臣，孙觉胖乎乎，孙洙瘦精精，二人皆蓄络腮胡子，虬须美髯，刘攽乃以他们的身体特征，呼孙觉为"大胡孙"，孙洙为"小胡孙"，一时传为笑谈。宋徽宗继位之初，曾布、韩忠彦并列为宰相，曾布极矮，韩忠彦特高，两人站立殿前与皇帝讨论大事，一矮一高，矮者如龟，高者似鹤，形成巨大反差，同僚们见状忍俊不禁，把他俩呼为"龟鹤宰相"。

有的针对地域起外号。宋朝是北方人建立的王朝，赵匡胤陈桥兵变的核心团队"太祖义社十兄弟"中，他自己是河北涿州（治今河北涿州）人，李继勋河北大名（治今河北大名）人，韩重赟河北武安（治今河北武安）人，王审琦洛阳（治今河南洛阳）人，刘廷让涿州人，都是北方人。后来的官僚群体亦以北方人居多。因而，朝廷上下对南方人似乎一直不怎么待见，据说赵匡胤还曾立下过不用南方人为宰相的规矩。尽管后来也有一些南方人出任宰相，但以宋朝史官所修正史和读书人所作野史为基础的《宋史·奸臣传》中，几乎清一色南方人，也是不争的事实，这反映出一种群体意识。所以，一朝之间，经常充斥着地域歧视，北方人尤其爱起外号嘲弄南方人，比如，他们把四川人称为"川蘽苴"，意为邋遢而蠢笨的人，把福建人称为"福建子"，意为奸诈而狡猾的人。佚名《道山清话》载："司马君实与吕吉甫在讲筵，因论变法事，至于上前纷拿。"司马光（字君实）与吕惠卿（字吉甫）以经筵讲官身份出席神宗的讲筵（儒臣向皇帝讲授经史之制度），侍讲过程中，话题偶涉正在实施的变法，二人因为政见不同而常常吵架，"至于上前纷拿"，甚至在皇上面前扭扯动粗。面对两个爱卿毫无规矩的荒唐行为，神宗艴然道：

"相与讲是非，何至乃尔？"很不高兴。司马光夏县（治今山西夏县）人，属永兴军，当时即陕西范畴。吕惠卿晋江县（治今福建泉州）人，属福建。此事在同僚间传为饭后谈资，他们诧异之余，相与分析其原因道："一个陕西人，一个福建子，怎生厮合得著？"从此，"福建子"成了吕惠卿的外号。

有的因才华和长处起外号，表达赞叹与钦佩之情。宋仁宗庆历年间，欧阳修贬官滁州（治今安徽滁州），因写作《醉翁亭记》而名声大噪，人们送他雅号"醉翁"。其实，生于真宗景德四年（1007）的欧阳修，到他谪守滁州的庆历五年（1045），不过三十八岁而已。宋祁描写春天的词章为人称羡，一句"绿杨烟外晓寒轻，红杏枝头春意闹"，妙笔点睛，他任过工部尚书，人们遂称他"红杏尚书"。龙图阁直学士杜镐博闻强记，每次查阅书籍时，必对书吏说："某事见某书某卷第几行。"书吏一查，果然不误，士大夫美其名曰"杜万卷"。

有的外号则是性格的反映。书学博士米芾个性怪异，穿唐服，有洁癖，遇到奇石膜拜不已，人称"米癫"。有一次士大夫聚会，喝到热闹处，米芾当众问苏东坡："世人皆以芾为癫，愿质之子瞻。"人家这样嘲弄他，米芾希望作为当时意见领袖的好朋友苏东坡说句公道话，谁知苏东坡却哈哈一笑说："吾从众。"连苏东坡都认为这个外号贴切，"米癫"更是道路流布，妇孺皆知了。宰相王安石忧虑于宋王朝财力的空虚和军备的衰弱，以"富国强兵"为目标，大力推行改革变法，还放言"天变不足畏，祖宗不足法，人言不足恤"，态度极为坚定，也极为固执，士大夫在背后戳他的脊梁骨，叫他"拗相公"。

还有一种，针对名字起外号。刘攽与蔡确同朝为官，刘攽反对王安石变法，蔡确支持王安石变法，二人意见相左，也屡屡发生口角，天性幽默的刘攽便拿蔡确的名字开涮，朋友面前呼蔡确为"倒悬蛤蜊"。为何起这么一个古怪的外号呢？原来，蔡确为福建晋江人，当地称蛤蜊为"壳菜"，反过来的读音恰是"蔡确"，因称"倒悬蛤蜊"。蔡确知道后，"深衔之"，对刘攽非常痛恨，亦无可奈何。

而最有趣味的外号，恐怕要算对庸官和劣政的嘲讽。宋真宗时丁谓任相，极力迎合皇帝的虚荣，每遇国家大事，必言有仙鹤飞翔于宫阙之上，大家讥笑他为"鹤相"。神宗时宰相王珪，上殿说"取圣旨"，皇帝批后说"领圣旨"，散朝向部下传达说"得圣旨"，前后任相十多年，尸位素餐，无所建树，被讥为"三旨相公"。南宋末年，贾似道因妹妹贾贵妃受宠当上宰相，他贪污受贿，声色犬马，不但喜欢金银财宝，还酷爱玩蟋蟀。贾似道派专人广寻蟋蟀，有人献上他满意的，就大赏金银，无原则、无规矩重用。他玩起蟋蟀来甚至不顾国家安危，蒙古大军围困襄樊，前线告急，他闻报后，仍若无其事地继续大玩蟋蟀，老百姓因此咒骂他"蟋蟀相公"。

对于士大夫来说，外号既是人品的反映，也是官品的反映，既体现主流评价，也折射民间呼声。如果说《清明上河图》描绘了当时的市井生活，那么，把士大夫们的外号并列一处，就是一幅清晰的政治生活图，甚或还是一部宋朝官场史、政治史。

第二十六章

汪藻：“花木瓜”害一生

《宋史》将汪藻划归了"文苑"人物列传,与梅尧臣、黄庭坚、秦观、周邦彦等妇孺皆知的名家并列在一起,可见汪藻的文名之盛。

钱锺书先生在《宋诗选注》中谈到汪藻说:"他早年蒙江西派的徐俯、洪炎等人的赏识,据说还向徐俯请教过'作诗法门',他中年以后写信给韩驹说愿意拜他为老师,可是从他的作品看来,主要是受苏轼的影响。北宋末南宋初的诗坛差不多是黄庭坚的世界,苏轼的儿子苏过以外,像孙觌、叶梦得等不卷入江西派的风气里而倾向于苏轼的名家,寥寥可数,汪藻是其中最出色的。"

钱先生选了汪藻三首诗,其中《春日》诗云:"一春略无十日晴,处处浮云将雨行。野田春水碧于镜,人影渡傍鸥不惊。桃花嫣然出篱笑,似开未开最有情。茅茨烟暝客衣湿,破梦午鸡啼一声。"诗中,汪藻用简单的语言描绘了别人不易捕捉的春日胜景,加上清词丽句,信手拈来,物我欣然,妙趣横生,遂一诗成名。

汪藻(1079—1154),字彦章,饶州德兴县(治今江西德兴)人,宋徽宗崇宁二年(1103)霍端友榜进士,初任婺州观察推官、江西提举学事司干当公事等职。徽宗曾作《君臣庆会阁诗》,群臣纷纷凑趣,和诗雪片般飞向皇帝的案头,在那堆积如山的和诗中,唯汪藻的诗出类拔萃,引得徽宗啧啧称赏。当时,与婺州相邻的徽州才子胡伸也很有名,故朝野有"江左二宝,胡伸汪藻"之说。

汪藻虽然才华在当时屈指可数,然而终徽宗一朝,他始终在微员佐贰的职位上徘徊,未得重用。究其原因,与当朝宰相王黼有关。先前,汪藻与王黼在太学期间,既同学,又同室,朝夕相处,相互间不免逗乐玩笑,解人颐。王黼外表帅气,才学一般,汪藻曾戏称他为"花木瓜",寓意外表好看,其实无用。汪藻的比喻虽有损人之嫌,不过也与《宋史》对王黼的评价"为人多智善佞,寡学术"不谋而合。

同学间烦闷的学习之余开开玩笑、取取外号，聊以自娱，本是集体生活中的常见事，有些人一笑就过去了，有些人却从此记住了，王黼便是如此。对于汪藻的这句玩笑话，王黼记了一辈子，也记恨了一辈子。到后来，王黼因迎合徽宗和蔡京当上了宰相，手握干部升降大权的他不仅处处压制汪藻，有一次他将汪藻贬官，甚至刻意贬至宣州（治今安徽宣城）。贬至宣州有什么讲究呢？原来宣州正以产花木瓜著称。杨万里《野店多买花木瓜》诗云："天下宣城花木瓜，日华露液绣成花。"李时珍《本草纲目》亦有"木瓜处处有之，而宣城者为佳"语。汪藻当年起的外号"花木瓜"，使王黼耿耿于怀数十年，如今高居相位，一朝权在手，便把"仇"来报，要贬就贬至"花木瓜之乡"，让汪藻在这个金字招牌之下，迎晓送昏，日夜反思，好好尝一尝被人讥笑的苦果。王黼睚眦必报的性格，由此可见一斑。

汪藻不单诗才出众，写诏书更是当世一绝。《宋史·汪藻传》载："工俪语，多著述，所为制词，人多传诵。"所谓制词，即代替皇帝说话的文书，也称制书、诏书。两宋间的皇帝，特别讲究诏书的准确、生动和优美，而诏书拟得好的翰林学士或知制诰，常常暴得大名。两宋三百余年间，公认诏书拟得最好的人除宋真宗时代的知制诰杨亿外，就数两宋之际的汪藻了。

诏书在作用上是传达皇帝的命令，在体裁上大都是骈文，因其常用四字、六字句，也称"四六文"。汪藻因其诏书作得好，也被认为是两宋最重要的骈文作家。陈寅恪在《论再生缘》一文中说："中国之文学与其他世界诸国之文学，不同之处甚多，其最特异之点，则为骈词俪语与音韵平仄之配合。就吾国数千年文学史言之，骈俪之文以六朝及赵宋一代为最佳……若就六朝长篇骈俪之文言之，当以庾子山哀江南赋为第一。若就赵宋四六之文言之，当以汪彦章代皇太后告天下手书为第一。"陈寅恪认为，六朝第一骈文是庾信（字子山）的《哀江南赋》，宋朝第一骈文是汪藻起草的《皇太后告天下手书》（又称《隆裕太后告天下手书》）。当时，徽宗、钦宗二帝被金人掳去，隆裕太后命康王赵构即位，是为宋高宗，让汪藻起草诏书，昭告天下。汪藻此文篇幅虽不甚长，但内容丰富，文气贯通，尤其"汉家之厄十世，宜光武之中兴。献公之子九人，惟重耳之尚在。兹惟天意，夫岂人谋？尚期中外之协心，同定安危之至计，庶臻小愒，渐底丕平，用敷告于多方，其深明于吾志"

之句，用典贴切，感情深沉，对仗工整，文采斐然，被当时及后世广为传诵，明代孙绪就曾评价此诏说："天下读之，戚然起朝觐讴歌之心。"

北宋灭亡后，高宗在战乱中登基，随后被金军追杀，东躲西藏，惶惶似丧家之犬。在这多事之秋，措置国家大事的诏书频频发往各地，对起草诏书的速度和质量有了更高的要求。当时，汪藻任翰林学士，这一时期高宗的诏书，大都由他操觚，"属时多事，诏令类出其手"。（《宋史·汪藻传》）高宗还曾在自己用过的白团扇上，挥笔写下"紫诰仍兼绾，黄麻似六经"十字赠予汪藻，表彰他的诏书拟得好。

汪藻不但才华卓绝，还洁身自好，非常爱惜自己的"羽毛"。徽宗时代，宦官梁师成因善于逢迎而深得宠幸，身兼数职，官至检校太傅，百官任免升降，他可随意处之，权力比宰相有过之而无不及，时人称为"隐相"。梁师成一手遮天，那些文官武将纷纷拜倒其门下，极尽攀附之能事。有个武官叫吴可，着实无才，梁师成在他的"糖衣炮弹"下，竟然高度评价吴可"能诗"，引为亲信。当时，汪藻正因得罪了王黼而仕途不畅，梁师成知道汪藻有才，也想拉拢，他让吴可向汪藻转达自己的意思说："你汪藻是有才华的人，我早听说过你的大名，你来见我，我可助你出任翰林学士。"

对于当时长期在下层宦途奔波的读书人来说，点翰林无异于理想的实现，是梦寐以求的大好事。然而，汪藻得此明示，并未去拜见梁师成。同僚奇怪地问他："我们登'隐相'之门，难如登天，他主动召你都不去，这是为什么呢？"汪藻呵呵一笑说："让我与吴可辈为伍吗？"那神情，简直不屑一顾。这种不屑一顾的后面，可明显觉察到一句潜台词，那就是："让我与梁师成辈为伍吗？"头巾气重，爱惜羽毛，这就是才子汪藻的人格与品性。这种不屑一顾，其实还显示出汪藻的自信，任何理想要凭本事得，而非通过卑劣的手段。高宗时期，他果然凭本事官拜翰林学士。

汪藻生于北宋元丰二年（1079），卒于南宋绍兴二十四年（1154），历北宋神宗、哲宗、徽宗、钦宗和南宋高宗五朝。他二十四岁中进士，青年时在基层任小官，长期受王黼压制，颇不得志。中年以后，经历"靖康之难"，国破家亡，频遭战乱之苦。南宋建立后，他虽然曾经任过兵部侍郎、翰林学士之类的高官，备受皇帝青睐，但也只是仕途上的昙花一现。宋朝的那些文官武将，似乎从没一个意见统一的时候，总是吵吵闹闹，争权斗气，和平年代如此，战争年代亦复如此，加上汪藻头巾气重，不能屈从与苟且，因此经常遭到同僚弹劾，在仕途上沉沉浮浮。后来，又有同僚以他曾攀附蔡京、王黼为由弹劾他，以至"夺职居永州，累赦不宥"，从此投闲置散，再未进入权力核心，最后抑郁而终。

弹劾汪藻攀附宰相蔡京、王黼，这理由十分荒唐可笑。不说汪藻曾受尽了王黼公报私仇的气，就是与他无仇的蔡京，当年他这七品芝麻官，怎么能攀附上人家气焰熏天的宰相呢？他在徽宗一朝始终未能显赫就是明证。不过，相对于山河破碎、生灵涂炭的民族大痛，相对于一个时代的覆亡和中华文明所受的洗劫与摧残而言，汪藻个人这点荣辱得失其实又算不得什么。

第二十七章

李清照与赵明诚

关于李清照，我们在佩服其才华的同时，也往往会羡慕她曾经有一个幸福的家庭，有一个知心爱人——赵明诚。李清照在《金石录后序》中回忆夫妻二人收集金石拓本、旧籍的经历时说："几案罗列，枕席枕藉，意会心谋，目往神授，乐在声色狗马之上。"又说："余性偶强记，每饭罢，坐归来堂烹茶，指堆积书史，言某事在某书某卷第几叶第几行，以中否角胜负，为饮茶先后。中，即举杯大笑，至茶倾覆怀中……"极言夫妻意气相近、爱好相投的美好。不过，当我一再流连于李清照仅存的数十首诗词，尤其是反复体味她那首《凤凰台上忆吹箫》词时，感受到的却非夫妻的甜蜜恩爱，反倒是一种伤心和失望。这是颇令人意外的。

宋词选本，唐圭璋《唐宋词简释》、沈祖棻《宋词赏析》以及王步高《唐宋词鉴赏讲演录》等，无一例外都选了李清照的《凤凰台上忆吹箫》。这种选择，除了此为李清照代表作之一外，或许还因为此词寄托了李清照对丈夫刻骨铭心的感情，其独特性、复杂性和隐秘性，在李词中堪称独一无二。

历代以来，无论才子、才女几乎没有不把自己感触最深的事件、最想表达的心情写进自己作品的，尤其是像李清照这样一个生性敏感而又才华横溢的词人。可以说，李清照的词，没有一首不是写她自己，没有一首不是在写自己的人生际遇和内心感受，这首《凤凰台上忆吹箫·香冷金猊》亦复如此。

词曰："香冷金猊，被翻红浪，起来慵自梳头。任宝奁尘满，日上帘钩。生怕离怀别苦，多少事、欲说还休。新来瘦，非干病酒，不是悲秋。休休！这回去也，千万遍阳关，也则难留。念武陵人远，烟锁秦楼。惟有楼前流水，应念我、终日凝眸。凝眸处，从今又添，一段新愁。"

据陈祖美在《李清照评传》中考证，此词为李清照写于"屏居青州"后期，丈夫赵明诚被朝廷重新起用之际，是李清照为赵明诚写的送别词。词中妻子晨起之后，被子懒得叠，头也懒得梳，日已高升，照见梳妆台上灰尘满布，却无意打扫。丈夫即将远行，将行未行之际，作为妻子的她心乱如麻，怅然若失，似乎有千言万语要诉说，却欲说还休。

算了，算了。纵唱《阳关三叠》千万遍，又怎能挽回将行之人、要行之人、必行之人？只是，心有不甘。"念武陵人远，烟锁秦楼"一句，便透露出"一段新愁"背后深含的心灵密码。"武陵人远"典出南朝宋刘义庆《幽明录》，汉明帝永平五年，剡县人刘晨、阮肇入天台山采药材，在溪边巧遇二仙女，喜结良缘。"烟锁秦楼"典出《列仙传》，秦穆公女儿弄玉喜欢吹箫，穆公作主将女儿许配擅长吹箫的萧史，又为女儿、女婿筑天台，这对情侣天天在天台上吹箫，引来了凤凰，"数年，弄玉乘凤，萧史乘龙去"。

丈夫远行之际，李清照在词中用"武陵人远""烟锁秦楼"两个典故，表达了对丈夫离家的隐忧。因为"武陵人远，烟锁秦楼"，所以赵明诚"也则难留"，李清照"又添一段新愁"。这从一个侧面反映出李清照与赵明诚的婚姻生活并非《金石录后序》中回忆的那么美好，字里行间飘荡出来的，既有幽怨，亦有苦涩。

历史上有很多门当户对的婚配，但门当户对之下，才子佳人少，你情我愿更是凤毛麟角，而当初的李清照和赵明诚，却是特例。李清照，号易安居士，齐州章丘县（治今山东济南）人，生于北宋神宗元丰七年（1084），卒年约在南宋高宗绍兴二十一（1151）至二十五年（1155）间，享年七十左右。"人生七十古来稀"，彼时来说，李清照算是高寿了。但从她仅有的数十首诗词里飘荡的情绪来说，在那漫长的岁月里，除了青年时期曾洋溢着欢快和幸福之外，中年以后的诗词，散发出来的俨然都是浓得化不开的痛苦愁怨，那痛苦忧怨的根源，既关乎家国，也关乎情爱。

李清照的父亲李格非，苏东坡的学生，满腹经纶，才华横溢，官至礼部员外郎、提点京东刑狱。因为与苏东坡的师生关系，在党争中被划归"元祐党人"，屡遭贬官。从《宋史·李格非传》来看，他不单博学多才，对女儿的教育也相当用心，教育观念十分超前。在那"女子无才便是德"的时代，李格非以"诗歌"教之而不是"女红"，女儿稍有妙句，每以"中郎有女堪传业"自诩，颇有得色。而且，李格非品格孤高，嫉恶如仇，这不仅对李清照的才华，对她性格的形成，也有很大的影响。

赵明诚的父亲赵挺之，历任监察御史、吏部尚书，官至宰相。虽然赵挺之与李格非后来的政治立场不同，但在李格非因"党争"于宋徽宗崇宁元年（1102）被划归"元祐党人"之前，二人的关系应该是不错的。对于爱女李清照、爱子赵明诚，这两个同僚便有了门当户对的父母之命。

少女时代的李清照，一直生活在原籍地齐州章丘，十六岁左右，李格非将她接到自己工作所在地京师开封。刚到京师不久，李清照以妙龄之年、好胜之心、咏絮之才，写下了她那首脍炙人口的《如梦令·昨夜雨疏风骤》，此词一出天下知，明代蒋一葵《尧山堂外纪》卷五十四载："李易安又有《如梦令》云：'昨夜雨疏风骤，浓睡不消残酒。试问卷帘人，却道海棠依旧。知否，知否？应是绿肥红瘦。'当时文士莫不击节称赏，未有能道之者。"

于是，这个刚从最东边进京的"外来妹"，因一曲小令横空出世、家喻户晓，让无数豪门贵族的大家闺秀瞬间失色，一时被目为"京城第一才女"。当时的太学作为朝廷最高学府，既是学问精研之地，亦是诗词传播之所，当大家在《如梦令》的吟诵中如痴如醉之时，太学生赵明诚被搅得寝食难安，他杜撰了一个将做"词女之夫"的理由，请时为吏部侍郎的父亲向礼部员外郎李格非下聘提亲，为自己"圆梦"。赵父果然向李家提亲，后来便有了这段"才子佳人"的美好婚姻。

建中靖国元年（1101），十八岁的李清照与二十一岁的赵明诚在父母的撮合和你有情我有意的主动下，结成了夫妻。婚后的日子，举案齐眉，温馨甜美，李清照此时的词也明快欢乐，语气下意识间还不乏得意，如《渔家傲》云："雪里已知春信至，寒梅点缀琼枝腻。香脸半开娇旖旎，当庭际，玉人浴出新妆洗。造化可能偏有意，故教明月玲珑地。共赏金尊沉绿蚁，莫辞醉，此花不与群花比。"

好一句"造化可能偏有意"。这几乎可以看作是李清照出阁前欢快心情的写照。根据李清照《金石录后序》记载，二人结婚两年后，赵明诚以"恩荫"入仕，出任鸿胪少卿，对于这个大家庭和李清照来说，真是喜上加喜。

倘若没有后来的变故，这已然是世界上最美满的婚姻了。然而，从李清照后来的词作中可见，夫妻二人婚后的关系也不完全是人们所羡慕的那样琴瑟和谐，据考证，李清照"《漱玉词》中题旨涉及伉俪暌违的至少占三分之一"（陈祖美语），这反映出夫妻恩爱不过是人们的一厢情愿，或说李清照的一厢情愿。

他们关系的亲疏，应分前后两个阶段：第一阶段为新婚之始到赵明诚任莱州（治今山东莱州）知州（1120）为止的二十年；第二阶段为1121年到1129年，即赵明诚病逝为止的九年。对于李清照来说，第一阶段是好中有忧，第二阶段是忧中有痛。

赵明诚与李清照之所以"伉俪暌违"，或有以下原因：

比如性格原因。李清照虽然写了很多婉约缠绵的诗词，但她的性格中一直有男儿气概，不但极有主见，而且豪放刚烈。她嗜酒常醉，留下的词作中几乎一半写到喝酒，"沉醉不知归路"几乎是生活常态。纵观李清照一生，我们完全可以得出一个"女汉子"形象。这样一个可能窈窕但绝不淑女、才气逼人却又争强好胜的妻子，在那个可以三妻四妾的时代里，作为权臣公子的赵明诚恐怕不一定受用。所以《金石录后序》里说赵明诚："绝笔而终，殊无分香卖履之意"，似乎是李清照对赵明诚临终之际，心中只有藏品而无"爱妻"的怨望。

赵明诚的品格，也有李清照很不待见的一面，即关键时刻无担当。北宋灭亡后的高宗建炎三年（1129），在金兵凌厉的攻势下，长江沿线重镇人心惶惶。二月五日，江宁府（治今江苏南京）发生兵变，作为江宁知府的赵明诚非但没有主动处置，及时稳控局面，反而置全城百姓不顾而"缒城宵遁"，让人用绳子绑住自己吊下城墙，逃之夭夭。这对于民族感情极强、性格极刚烈的李清照来说，无异于奇耻大辱。所以，有人指出李清照《夏日绝句》一诗所抨击的并非南宋朝廷，而是丈夫，是对丈夫逃跑行径恨铁不成钢的批评。

又如生育原因。赵明诚与李清照结婚多年，一直没有孩子，这是二人的隐痛，于赵明诚可能更甚。赵明诚表甥翟耆年在《籀史》一书中便说："（赵明诚）无子能保其遗余，每为之叹息也。"可见，婚后不育，是夫妻关系由亲到疏的又一重要原因，也可能正是这个原因，赵明诚养成了出入风月场所、公开蓄妓养妾的习惯。

再如政治原因。其实，他二人夫妻关系的裂痕在婚后次年就开始显现了。崇宁元年（1102），李格非被列入"元祐党人"，罢去一切官职，李家顿时陷入困境。而此时赵挺之因靠"排击元祐诸人不遗力"而升为尚书左丞、门下侍郎，位高权重。无助之际，李清照上书向公公求助，中有"何况人间父子情"之句。但是，官运亨通之际的赵挺之，在非黑即白、泾渭分明的政治选择面前，没有冒着牺牲富贵的危险来声援亲翁，而是任由李格非被剥夺一切官职和荣誉后，屈辱而落寞地回到原籍。李清照十分寒心，敢怒敢言的她向公公献诗，一句"炙手可热心可寒"，悲愤之情溢于言表。

然而祸不单行，在李清照深感人情凉薄的同时，党争不断加剧，命运再一次给了她无情打击。崇宁二年（1103）秋，朝廷颁布"诏禁元祐党人子弟居京"禁令，作为"元祐党人"李格非女儿的李清照，在京成了被驱逐的对象，她不得不告别京师，告别丈夫，步父亲的后尘回原籍，过上了"花自飘零水自流，一种相思，两处闲愁"的孤寂生活。

值得一提的是，后来赵挺之果然靠着蔡京的力荐当上了宰相，却未"笑到最后"，他上台后因为与蔡京发生矛盾而一度把蔡京赶下台，不久，蔡京复相，也将他赶下了台。赵挺之罢相五天后就去世了，赵明诚因受牵连被剥夺官籍，还因此与两个哥哥一起被关进牢房数日。这样一个曾经香车宝马、门庭若市的豪门贵族，转眼"门前冷落鞍马稀"，赵明诚也由云端跌落而沦为一介平民。

大观元年（1107），作为罪臣之子的赵明诚，也不得不离开了人多嘴杂的京都。夫妻二人经过商议，选择到青州（治今山东青州）定居，因为这里有赵挺之营建的宅第。他们以平民身份"屏居"青州，一住就是十余年。

"屏居"十余年后，党争没有了当初的剧烈，赵明诚的母亲数次上书请求朝廷为丈夫平反，终于获准，恢复了赵挺之的司徒等荣誉职务。伴随着父亲的平反，赵明诚重入仕途。宣和二年（1120），朝廷任命赵明诚为莱州知州，而恰恰是这个莱州之任，让夫妻感情出现了一次最明显的撕裂。

此时的赵明诚作为朝廷命官，本可携妻赴任，可赵明诚却没有，而是携了他新纳的小妾同行。年近四十的李清照，丈夫贪恋新欢对她造成了很大的打击，夫妻遭遇了严重的"中年情感危机"。兼之李清照性情孤傲，细腻敏感，丈夫携妾赴任，落在她心里则恰似移情别恋，一首《凤凰台上忆吹箫·香冷金猊》喷薄而出，字字如泪，伤心欲绝。

在此后的一段时光里，赵明诚随着仕途的上升和经济的好转，并没有重拾往日的温情爱恋，反而更热心于风月勾栏，使本来已经够痛苦的李清照雪上加霜。李清照《声声慢·寻寻觅觅》正是这段时期所写，"寻寻觅觅，冷冷清清，凄凄惨惨戚戚"，即这段情感危机的真实写照。

李清照一生遭遇的痛苦还远远不止这些，钦宗靖康二年（1127），金军攻陷开封，北宋灭亡。金人的铁蹄，不仅踏破了北宋的江山，同时也踏破了包括李清照在内的很多家庭的美梦。南宋高宗建炎三年（1129），赵明诚病逝于江宁。在北宋灭亡、故乡沦陷之际，李清照带着夫妻二人数十年间搜罗的大量文物、古董、字画，跟随着高宗仓皇逃跑的方向一路向南，历尽了千辛万苦。在历经亡国、失夫、离乱之痛后，李清照又遭到"渣男"张汝舟因觊觎昂贵收藏的玩弄骗婚。醒悟后，李清照不顾身败名裂，宁犯"不睦"（刑律名目，唐律列为"十恶"第八条，历朝沿之不变）之罪而"告夫"，打了一场自己毫无胜算且注定要受牢狱之灾的离婚官司，最后张汝舟果真被定罪，受到了应有的惩罚。但李清照也依律被判刑，这是当时任何一个弱女子都不能承受之重，李清照以一介女流之身顽强地承担起了，而且从从容容活到了古稀之年，留下了诸多故事和许多弥足珍贵的文字，怎不令人由衷感佩！

历史上的词人不计其数，女词人也不少，但才气如此卓绝、经历如此跌宕、性格如此刚烈、胸襟如此坦荡的女词人，李清照千古一人而已。清人沈曾植在《菌阁琐谈》中说："易安倜傥，有丈夫气，乃闺阁中之苏（轼）、辛（弃疾），非秦（观）、柳（永）也。"

"有丈夫气"，应是对李清照最精准传神的评价。

第二十八章

辛弃疾同刘过的交谊

刘过这个人，《宋史》不载其传，但在南宋朝野，却着实是一位颇有影响的人物。刘过，字改之，号龙洲道人，吉州太和县（治今江西泰和）人。他工于诗，善填词，有《龙洲集》《龙洲词》行世，然而屡试不第，布衣终生。刘过性格率真，诗词豪放，喜论恢复，为陆游、陈亮、辛弃疾、张栻等大文豪大学者所激赏。他喜欢交游，与豪门贵族及文人墨客长相往来，宋人的野史笔记中多有记载，尤其是他与辛弃疾（字幼安，别号稼轩居士）的相识、相交，颇有趣味，一时传为佳话。

以诗订交

宋末元初蒋正子《山房随笔》一书，记载了刘过赋"羊腰子诗"、以诗结识辛弃疾的订交经过。据蒋正子在书中说，宋宁宗嘉泰三年（1203），辛弃疾任绍兴知府兼两浙东路安抚使时，作为辛弃疾"骨灰级粉丝"的刘过，狂热地希望拜见这位词坛巨擘，但辛弃疾一未闻其名，二未见其诗，因未接纳，将他拒之门外。就在刘过灰心丧气之时，辛弃疾手下两位监司（官名，宋代诸路转运使司、提点刑狱司、提举常平司有监察各州官吏之责，其长官故有此称）对刘过熟悉而钦慕，给他出主意说："辛帅将在某日举行宴会，你可即时来，倘若侍卫不让进去，你就在门口喧哗吵闹，必然可进。"

那日，刘过如期而至，果然不让进，刘过就同侍卫吵了起来。辛弃疾问何事，侍卫如实报告。辛弃疾听说一布衣腐儒要夺门而入，不免恼怒，正要发作，二监司劝道："刘过也是个豪杰之士，又擅长诗词，不妨一见。"辛弃疾作为泰斗级词人，爱才惜才，听说对方有才，遂让引进。

不过，辛弃疾对刘过的才华还是有些怀疑，所以进来便问："能作诗吗？"刘过说："能。"正好仆人在上羊肾羹汤，辛弃疾让他以此为题赋诗。刘过说："暂莫急，请先赐酒一杯吧。"喝完酒，刘过请辛弃疾限韵。辛弃疾见刘过喝酒时因天冷哆嗦，酒水都流到了衣服上，随口就说用"流"字。

刘过顿了顿，略一思索，俄而吟出一首《赋羊腰肾羹》诗道："拔毫已付管城子，烂首曾封关内侯。死后不知身外物，也随樽俎伴风流。"辛弃疾听他吟完，不禁拍案叫绝！原来，刘过在诗中用了两个与羊有关的典故，一为"管城子"，二为"烂首"。"管城子"在古代指代毛笔（唐韩愈《毛颖传》谓毛笔为管城子，后沿习），而毛笔常以羊毫制成，此一羊；"烂首"即指羊头，古代有一首讽刺封建王朝封爵滥赏的童谣即说"烂羊头，关内侯"，此二羊。如此切题精准、符合情境、用典恰当、爽爽快快的佳作，简直可遇不可求。加上辛弃疾本身诗风豪放，极爱用典，这恰恰是刘过性格和诗作表现出来的特质。所以，辛弃疾不但拍案叫绝，还相见恨晚，立马拉刘过入席，推杯换盏，从此订交。以后，刘过就成了辛弃疾幕府里的常客，诗友中的知音，惺惺相惜。

慷慨解囊

南宋官员曾多次弹劾过辛弃疾，说他："用钱如泥沙，杀人如草芥。"

弹劾之词，有时乃欲加之罪，难免言过其实。倘若去掉因栽赃而夸张的成分，再加上辛弃疾的檠檠大才和传奇经历，反而可以想见，他是一个性格豪爽、为人仗义、视钱财如粪土的剑侠词宗。而他与诗人刘过交往的过程中，更是突显了他的这一性格特征。元人郭霄凤的《江湖纪闻》里，便记载了一桩辛弃疾"打土豪"帮刘过渡难关的趣事。

宁宗开禧元年（1205），辛弃疾被任命为镇江知府。大约是在四五月间，春暖花开，刘过至镇江府，又一次造访辛弃疾，在其幕府盘桓多日。老友重聚，自是诗酒流连，唱和不断。一日，刘过获悉母亲病重，准备告辞归家。只是，刘过疏豪好施，不留余财，如今要回去看望老娘，口袋里却"布粘布"，连回家的路费都没有，不禁一筹莫展。

辛弃疾得知后，思忖着如何帮助刘过。某日傍晚，辛弃疾脱下官服，着上便装，携刘过一起，到了镇江最有名的青楼。最有名的青楼，自然有最昂贵的美酒和最美貌的歌妓，吸引着公子王孙纷至沓来。

二人进去不久，还没开始喝酒听曲，却被青楼里管事的给轰了出来。为何？原来，镇江府一都吏（知府属官），已经把这个青楼包场了。辛弃疾虽为知府，但刚刚调来不久，又着便装，加上宋朝制度严禁官员逛青楼、捧歌妓，所以管事的既不识，都吏正喝酒听歌、忘乎所以，当然也不知。辛、刘二人被轰出后，四目对视，不禁会心一笑。

回到府衙，辛弃疾立刻差人通知都吏，说有机密文书亟需处理，命他连夜前来干办。然而，都吏早已趴在酒桌上、醉倒"花丛中"，不省人事了，遂一夜未归。第二天，辛弃疾以有令不从、官员宿妓为由，要将都吏籍没家产、流放蛮荒，都吏顿时吓得魂飞魄散。

为了减轻或免受处罚，都吏先是请了府衙上下数十人到辛弃疾跟前说情，辛弃疾不为所动。后来，都吏打听到辛弃疾的好友刘过正缺钱，便请人转告辛弃疾，愿以向刘过母亲祝寿的名义，送给刘过五千缗，以偿其罪。辛弃疾同意这个方式，但不同意这个数额，要求都吏加倍。都吏没法，虽然辛弃疾有点"请君入瓮""钓鱼执法"的意思，但毕竟自己违令在先，只好打落牙齿和血吞，自认倒霉，如数将钱万缗奉上。

于是，辛弃疾慷慨解囊，又自掏腰包为刘过买了一艘船，并将都吏的"罚款"万缗送到船上，亲手交到刘过手中，让他乘船归家。辛弃疾知道刘过用钱大大咧咧，还反复叮嘱他，要省吃俭用，不能有钱用到无钱止。在辛弃疾的帮助下，刘过终于能回家探望病中的母亲了，而且，那架势还有点衣锦还乡的味道。

辛弃疾的相知、侠义和慷慨，让刘过很是感动。临行，刘过特作《念奴娇·留别辛稼轩》一词相赠，词曰："知音者少，算乾坤许大，著身何处。直待功成方肯退，何日可寻归路。多景楼前，垂虹亭下，一枕眠秋雨。虚名相误，十年枉费辛苦。不是奏赋明光，上书北阙，无惊人之语。我自匆忙天未许，赢得衣裾尘土。白璧追欢，黄金买笑，付与君为主。莼鲈江上，浩然明日归去。"

此词虽未明谢辛弃疾的馈赠之情，却向辛弃疾倾诉了自己对"功成"与"归路"的看法，表达了"我自匆忙天未许"的人生遗憾，以及"浩然明日归去"的归隐志向，向好友丝毫不加掩饰地明志，也算是对辛弃疾这位至真朋友的最好交待了。

相识的另一说

刘过交游甚广，他与岳飞的孙子岳珂亦是好友。

岳珂的《桯史》一书中，也记载了辛弃疾与刘过见面前的一次交流，说法上与刘过通过赋"羊腰子诗"结识辛弃疾稍有不同。

《桯史》记载，嘉泰三年，刘过寄居南宋行在临安（治今浙江杭州），辛弃疾时任绍兴知府兼两浙东路安抚使，治所在越州（治今浙江绍兴）。刘过喜论恢复，又在士大夫间素有文名，其性情既合辛弃疾的脾胃，其诗又为他所看重，因此，辛弃疾特遣人专程赶到临安，邀请刘过到越州幕府相聚。刘过当时恰有要事缠身，暂时无法前往，遂填词《沁园春·寄稼轩承旨》一阕，并随书信一起，请来人转交辛弃疾。词曰："斗酒彘肩，风雨渡江，岂不快哉。被香山居士，约林和靖，与东坡老，驾勒吾回。坡谓西湖，正如西子，浓抹淡妆临镜台。二公者，皆掉头不顾，只管衔杯。白云天竺飞来。图画里、峥嵘楼观开。爱东西双涧，纵横水绕，两峰南北，高下云堆。逋曰不然，暗香浮动，争似孤山先探梅。须晴去，访稼轩未晚，且此徘徊。"

辛弃疾的"稼轩体"词有形式松散、语义连贯、好用典故、将古人诗词成句镶嵌其中等特点。刘过这首《沁园春·寄稼轩承旨》，便是效法"稼轩体"而作。在词中，他开篇就假想自己冒着风雨渡过钱塘江赶赴绍兴后，在辛弃疾府衙狂吃海喝的开心样子，这样的相聚"岂不快哉"。然而，让人无奈的是，这样好的相聚却无法成行，他被白居易、苏轼和林逋等三位大诗人强行拉回，推杯换盏，诗酒流连。最后他抱歉地说，待天晴日好，再去拜会吧。

全词想象奇特，用前人诗词成句拆解串通，意思连贯，一气呵成，充分体现了他洒脱不羁、才思敏捷的特点。辛弃疾读了刘过的词后，不禁大喜，后又多次力邀刘过前去，刘过终于应邀来到后，辛弃疾招待月余，临别还赠钱千缗。

岳珂说，他与刘过在西园饮酒之时，刘过曾经详细谈及这段经历，说完还掀髯一笑，颇为得意。岳珂听后打趣道："此词固然好，只可惜没有'刀圭药'，来治疗你这个'白日见鬼症'啊！"意思是，词中拉了那么多已故诗人作陪衬，简直是白日见鬼，你这是患了"白日见鬼症"，我却无"刀圭药"帮你治。二人相视，哈哈大笑。

刘、辛二诗人的相识，如果说赋"羊腰子诗"像一个传奇，那么岳珂的所谓"白日见鬼词"则更像纪实。鉴于《沁园春·寄稼轩承旨》收入了唐圭璋编纂的《全宋词》，而词又确实是婉拒辛弃疾的邀请之意，加上岳珂与刘过本身就是经常喝酒聊天的诗友，因此，岳珂之说或更接近于史实，更可信。

刘过虽为布衣，但亦是名士，加上刘、辛二人皆好在词中用典故，又皆豪爽，对于性情相近的词人，辛弃疾心生爱慕而热情邀请，也在情理之中。不过，无论是怎么相识的，但有一点可以肯定，二人的确是因诗而相识、相交、相知、相惜，在交往过程中建立了深厚的友谊，并传为文坛佳话。

古人的这种以诗敲门、以诗会友、以诗订交的方式，的确风雅得很，与今人手提烟酒、怀揣财物去攀龙附凤相比，堪称云泥之别。

第二十九章

杨万里的老师和朋友

南宋"中兴四大诗人"中，杨万里和陆游在当时的名声最大，用钱锺书先生的话说是，俨然等同唐诗的李白和杜甫。对于杨万里而言，这不只因为诗多，一生创作两万多首，还因为他是宋朝诗风转变的主要推动者和实践者，开创了更加新鲜泼辣的"诚斋体"，被誉为一代诗宗。

杨万里（1124—1206），字廷秀，吉州吉水县（治今江西吉水）人。他出生于一个书香之家，在父亲的影响和教育下，从小刻苦读书，四处求学。除了接受正常的儒家诗书教育外，还学到了许多做人处世的道理。其中，有两位老师对他的影响至深，一位是王庭珪，另一位是张浚。

王庭珪，字民瞻，吉州安福县（治今江西安福）人，与杨万里同郡。王庭珪是一位有胆有识的爱国诗人，当年任枢密院编修官的胡铨，因为反对与金和议，主张北伐，向宋高宗上书乞斩秦桧，遭到秦桧报复贬官。在政治主张上高度一致的王庭珪写诗支持胡铨，谴责秦桧，结果也被流放岭南。杨万里拜其为师时，王庭珪已因秦桧去世而起复，他的北伐主张和刚正品格，对杨万里产生了深刻的影响。

绍兴二十四年（1154），杨万里举进士，从此步入仕途，先任赣州（治今江西赣州）司户参军，后任永州零陵县（治今湖南永州的零陵区）丞。在永州，杨万里幸运地结识了被秦桧排挤而贬官于此的原宰相张浚。张浚是大学问家，曾受教于理学家谯定，为程颐的再传弟子，学识渊博，而且以坚定的抗金主张闻名朝野，是那个时代中流砥柱式的人物。这样一位大学问家、大政治家在身边，哪能错过？履职永州，杨万里除干好工作外，另一个急切的愿望，就是拜张浚为师。然而，张浚屡遭放逐，心情抑郁，闭门谢客，无心授徒。杨万里一连三次上门拜师，均遭拒绝。杨万里仍不死心，他因与张浚的儿子张栻是好朋友，于是求张栻帮忙，经过张栻的力荐，张浚终于答应收他为门生。

张浚是个学问家，要么不接受这个学生，一旦接受，便尽心竭力，谆谆教诲。张浚以"正心诚意"之学传授杨万里，"正心诚意"出自《礼记·大学》，是儒家倡导的一种道德修养境界。正心，即心要端正，不存邪念。诚意，即意必真诚而不自欺。意思是，只要意真诚、心纯正，不断在道德上自我完善，就能实现身修、家齐、国治、天下平的理想。张浚的学问、节操以及力主抗金的爱国精神，给了杨万里至深的影响。杨万里服膺其教，将自己的书房取名"诚斋"，自号为"诚斋野客"，以明其志。他的小同乡、南宋学者罗大经在《鹤林玉露·甲编》卷一中记载他这段经历时说："杨诚斋为零陵丞，以弟子礼谒张魏公（张浚封魏国公）。时公以迁谪故，杜门谢客。南轩（张栻号）为之介绍，数月乃得见。因跪请教，公曰：'元符贵人，腰金纡紫者何限，惟邹至完、陈莹中姓名与日月争光。'诚斋得此语，终身厉清直之操。"意思是元符（宋哲宗年号）年间贵人无数，惟铁骨铮铮的邹浩（字至完）、陈瓘（字莹中）的姓名与日月同光，以此勉励杨万里。可以说，是张浚和王庭珪这些一品风标人物的教诲，帮助杨万里成就了自己的学问体系和高尚的品格节操。

绍兴三十二年（1162），高宗赵构以"倦勤"为由，禅位于养子赵眘，是为宋孝宗。孝宗上台后，锐意恢复，起用主战的张浚为相，积极准备北伐。张浚拜相后，推荐杨万里入朝任职，任为临安府（治今浙江杭州）教授。接到任命的同时，杨万里又接到了父亲去世的消息，于是，未赴任而归家丁忧了。

服除，杨万里出任隆兴府奉新（治今江西奉新）知县。在奉新，他的能力得到了施展。古代的国家治理当中，征收赋税是头等难事，催缴太急，扰民。而公差不能自律地顺手牵羊，又伤民。同为"中兴四大诗人"的范成大，就曾在《催租行》一诗中描写过一个贪得无厌的里正，他在百姓已经交租税的情况下，还通过验看交租"文书"，索要酒钱，诗曰："输租得钞官更催，踉跄里正敲门来。手持文书杂嗔喜：'我亦来营醉归耳！'"可见，这种敲诈勒索现象在当时司空见惯。同时，官府若方法不当，百姓又抗税不缴。面对这种两难情况，杨万里在奉新县采取了收税新规，一方面严禁公差随意下乡征税，另一方面又将未交税的名单张榜，公开曝光，既减少了官吏的敲诈勒索，又让百姓能够互相监督。这些措施推行后，税收征缴情况大好于前。

在孝宗的推动和张浚的主导下，南宋发动了恢复故国的"隆兴北伐"。

不久，北伐失败，张浚在忧愤中离开了人世。乾道三年（1167），任满回京述职的杨万里，拜见了因领导"采石大捷"而升任枢密使的虞允文，上《千虑策》三十篇，其中包括"君道""国势""治原""人才""论相""论将""论兵""刑法""民政"等。他在策中总结了南宋以来治国的教训，批评了屈辱的外交，提出了促进国家强大、民族复兴的良方，充分显示了他的远见卓识和文韬武略，虞允文读后大声赞叹道："东南乃有此人物！某初除合荐两人，当以此人为首。"（《鹤林玉露·乙编》卷四）于是，推荐于朝。

在虞允文和另一位宰相陈俊卿的联袂推荐下，杨万里被任命为国子博士。入朝之后，在威严的皇帝和大臣身边工作，杨万里不但没有战战兢兢，反而遇事敢言，刚正不阿。当时，孝宗和虞允文打算重用张说为签书枢密院事，相当于武相。张说是外戚（太上皇赵构的连襟），人品不端，口碑极差，所以方案一提出，时为孝宗侍讲的张栻便认为不可，极力反对，结果惹怒孝宗，将他贬官出朝。对这种小人升官、良臣遭贬的怪现象，那些胆小怕事的朝官噤若寒蝉，独杨万里以小小国子博士挺身而出，极力反对放逐张栻。他上疏规劝孝宗收回成命，又上书虞允文希望助力，朝野为之震惊。最后，张栻到底还是被贬官去朝，士大夫虽未公开发言，但私底下还是颇有惋惜的，而对于仗义执言的杨万里都非常敬服，"公论伟之"。

淳熙元年（1174）后，杨万里先后出任漳州（治今福建漳州）知州、常州（治今江苏常州）知州，淳熙八年（1181）任广东提点刑狱。在广东，恰遇福建强盗沈师率军进犯梅州，杨万里率军征讨，一举剿平。孝宗得报后，赞他有"仁者之勇"，赠他直秘阁荣衔。淳熙十一年（1184），孝宗召杨万里入朝，出任尚书右郎，后又任吏部员外郎、吏部郎中。宰相王淮敬重杨万里，有一次问他什么事是宰相的"先务之急"，杨万里答曰"人才"，并上书《淳熙荐士录》，极力推荐朱熹等饱学之士六十人，均先后得到了朝廷的任用。

其实，孝宗一直非常欣赏杨万里的才学，也多次有大用之意。不久，孝宗为太子赵惇选择授书讲学的侍读，相当于太子的老师，便毫不犹豫地选择了杨万里，对他的青睐和重视，可见一斑。然而，尽管皇帝信任有加，但杨万里耿直性格丝毫未变，遇到不平一声吼。

淳熙十四年（1187），太上皇赵构病逝，在选择配飨其庙大臣的时候，翰林学士洪迈不待集体商议,便以已故宰相吕颐浩等人姓名上报孝宗。杨万里听说上报名册中没有那位将一生都付诸抗金北伐的宰相张浚时,当即上书,力言张浚当配飨高宗庙,说洪迈独以吕颐浩等人上报,简直是"指鹿为马"。这无异于将洪迈比喻为赵高,而将孝宗比喻为秦二世胡亥,其疾恶如仇的性格,显露无遗。这下惹怒了孝宗,他看完奏章愤愤说:"万里以朕为何主?!"马上将杨万里驱逐出朝,贬官筠州(治今江西高安)。

虽然杨万里被贬官了,但他"论议挺挺"的胆识和刚正不阿的性格,令朝廷大小官员十分佩服。杨万里也给后人留下了深刻的印象,纪晓岚在论及此事时,就赞道:"万里立朝多大节,若乞留张栻,力争吕颐浩等配享及灾变应诏诸奏,今具载集中,丰采犹可想见。"(《四库全书总目》卷一六)

淳熙十六年(1189),孝宗主动退位,自称太上皇,传位于太子赵惇,是为宋光宗。光宗曾受教于杨万里,有师生之谊,为太子之时还亲书"诚斋"二字赐杨万里,可见师生融洽。

光宗主政,即将杨万里从筠州召入朝,任为秘书监(掌古今经籍图书、国史和实录等)。杨万里秉性不改,刚刚入京,就连续三次上书光宗,大谈"帝王治道之要",即五要:"一曰勤,二曰俭,三曰断,四曰亲君子,五曰奖直言。"希望光宗亲君子,远小人,勤俭治国,务实担当,句句堪称药石之言。

然而,正如孝宗在位,上面有个太上皇赵构、处处掣肘一样,光宗的上面也有一个太上皇赵昚。孝宗退居二线,影响依旧,何况生于深宫之中、长于妇人之手的光宗,其气宇和识见远不如乃父不说,他甚至还非常惧内,这些特点注定了他在位期间,不会有什么惊天动地的作为。因此,对于杨万里的药石之言,他不过礼貌性地回应而已,背地里早已束之高阁。然而,杨万里始终不忘为师责任,时不时上一札子,将满腔的恢复理想和政治抱负,寄希望于这位刚刚登上至尊之位的皇帝。就这样,光宗的尊敬,渐渐变成了敷衍。

南宋三代皇帝,从高宗、孝宗到光宗,虽然都对杨万里的才情欣赏,但他们对杨万里毫无忌惮的言论却无一例外地不喜,甚至厌恶,尤其是高宗和孝宗。高宗当年朝堂策论,杨万里将他比作毫无进取之心的晋元帝,高宗非常不快地说:"杨某殿策比朕为晋元帝,甚道理!"孝宗评价说:"杨万里直不中律。"意思是说,杨万里这个人不讲规矩。光宗也曾说:"杨万里也有性气。"说他有性格。都不约而同地批评了他的畅言无忌。对此，杨万里毫无检讨，还得意地自赞道："禹曰也有性气，舜云直不中律。自有二圣玉音，不用千秋史笔。"（《鹤林玉露·甲编》卷一）可谓"死不悔改"。

所以，当官员们编辑的记载孝宗朝编年史的《孝宗圣政》稿成时，按规矩应由杨万里为进奉官，但孝宗还记着"万里以朕为何主"，不但不准杨万里进奉，反而施加影响，将杨万里调出朝，任江东转运副使。绍熙二年（1191），又改任赣州知州。此时，杨万里已年近古稀，年老体衰加上对现实的失望，使他心灰意冷，当即辞官不赴，告老乞祠。光宗挽留不住，只好让他以秘阁修撰提举万寿宫，提前退休了。

杨万里清介绝俗，淡泊名利。《鹤林玉露·乙编》卷一载："杨诚斋立朝时，计料自京还家之裹费，贮以一箧，钥而置之卧所。戒家人不许市一物，恐累归担，日日若促装者。"他做京官，一直在卧室的小箱中锁着一笔回家的路费，还反复告诫家人不准购物，以免回家时成为累赘，天天如同一个待发的归客。对于官场，杨万里似乎从未有过久留之意，视富贵如浮云。